ソーシャル・ビジネス革命

世界の課題を
解決する
新たな経済システム

Building Social Business

The New Kind of Capitalism that Serves Humanity's Most Pressing Needs

Muhammad Yunus

ノーベル平和賞受賞者・グラミン銀行総裁
ムハマド・ユヌス
岡田昌治［監修］　千葉敏生［訳］

早川書房

ソーシャル・ビジネス革命

――世界の課題を解決する新たな経済システム

BUILDING SOCIAL BUSINESS

The New Kind of Capitalism that
Serves Humanity's Most Pressing Needs

by

Muhammad Yunus

Japanese edition supervised by
Masaharu Okada
Translated by
Toshio Chiba
First published in the United States by
PublicAffairs
a member of the Perseus Books Group
First published 2010 in Japan by
Hayakawa Publishing, Inc.
This book is published in Japan by
arrangement with
PublicAffairs
a member of the Perseus Books Group
through Tuttle-Mori Agency, Inc., Tokyo.

世界を変えるために喜んでその身を捧げるすべての人へ

目次

はじめに　ソーシャル・ビジネス——夢から現実へ

始まりは小さな一歩から

私が初めて貧困問題にかかわるようになったのは大学の教授をしているときだった。そして、ふとしたきっかけで個人的に貧困と闘うようになった。私が貧困問題に興味を持ったのは、バングラデシュに貧困が蔓延《まんえん》していたからだ。特に、一九七四年の大飢饉《ききん》をきっかけに、私は大学のキャンパスを飛び出し、教授をしながら社会活動にいそしむようになった。

もちろん、これはありふれた話だ。大災害が訪れると、私たちの大半は人々の役に立とうと積極的に社会活動に加わる。しかし、私の場合は少し違った。それがやがて一生涯の使命となったのだ。私は学者の道をきっぱりと捨て、銀行を設立した。貧しい人々のための銀行だ。

それが今日まで続く旅の第一歩だった。そして、本書で説明するように、今では人間の無私の心に基づく新しい資本主義や事業形態が実現しつつある。それこそが私のいう「ソーシャル・ビジネス」

だ。ソーシャル・ビジネスは、飢饉、ホームレス、病気、公害、教育不足など、長きにわたって人類をむしばんできた社会問題、経済問題、環境問題の解決に専念するビジネスだ。

七〇年代前半、独立して間もないバングラデシュは混乱をきわめていた。バングラデシュ独立戦争で、パキスタン軍は街を破壊し尽くした。さらに、洪水、旱魃《かんばつ》、モンスーンが重なり、無数の人々が絶望的な状態に追い込まれた。そこに追い打ちをかける飢饉。ひとたび大学の外に出れば人々が飢えに苦しんでいるというのに、教室の中で悠々と美しい経済理論を教えるのにはどんどん耐えきれなくなっていった。厳しい飢饉と貧困を目の当たりにして、私はふと従来の経済理論に虚しさを覚えるようになった。そこで、私はチッタゴン大学のすぐそばにあるジョブラ村の人々のために何かできないかと思った。一日にひとりだけでもいいから、苦しむ人々に手を差し伸べられないかと思った。

自分に何ができるかを模索するうちに、私はジョブラ村についてさまざまなことを学び、村の貧しい人々がいかに無力かを思い知った。そして、彼らがほんのわずかな生活費を捻出するのに四苦八苦しているという現実を知った。

特にショックを受けたのは、金貸し業者からわずか五タカ（約七セント）を借りている女性に会ったときだ。彼女は金貸しから借りたお金で竹を買い、手作りの椅子を作って生計を立てていた。借金の利率は恐ろしく高く、週一〇パーセントだった。しかし、さらに過酷だったのは借金に課せられた特別な条件だった。その金貸しが女性の作った商品をすべて言い値で買い取ることになっていたのだ。

その五タカの借金のせいで、女性は奴隷も同然だった。どんなに懸命に働いても、女性や家族は貧困から抜け出せない。

私は、ジョブラ村の金貸しの実態をつかもうと、金貸しからお金を借りている村人のリストを作った。完成したリストには四二人の名前が載っていた。四二人が金貸しから借りた総額は八五六タカ。当時の為替レートで約二七ドルだ。わずか二七ドルでこんなに大きな不幸が生まれるなんてばかげている。

四二人を金貸しの魔の手から解放するため、私はポケット・マネーを彼女たちに貸し与え、借金を肩代わりした。それで村人が大喜びすると、私はすっかり心を打たれた。「こんなことでみんなに喜んでもらえるなら、どんどんした方がいいのではないか」と私は思った。

そして、それ以来ずっとそうしてきている。

まず、私は大学の構内にある銀行を訪れ、貧しい人々にもお金を貸すよう訴えた。しかし、銀行の責任者は取り合ってくれなかった。「貧乏人には銀行の融資を受ける資格がありません。信用に値しないからです」と彼は言った。いくら話し合っても埒《らち》が明かなかった。そこで、私は銀行の幹部たちを訪ね回り、貧しい人々にも銀行の門戸を開く気はないかと聞いた。しかし、何カ月続けても説得はできなかった。

すると、ある考えが浮かんだ。私が借金の保証人になってはどうか。銀行はかなり渋ったが、その提案に応じた。一九七六年半ばになると、私は村の貧しい人々に融資を始めていた。銀行から送られてくる書類に片っ端から署名し、借金の個人的な保証人になった。まるで、闇の銀行を個人で営んでいるようなものだった。貧しい借り手でも借金を返済しやすいように、私は簡単なルールを設けた。週に一回、少額ずつお金を返済すること。村人が銀行を訪れるのではなく、銀行員の方から村人を訪問すること。このアイデアは功を奏した。返済期限を破る者はひとりもいなかった。

私にしてみれば、貧しい人々にお金を貸すのは世間の人々が思うほど難しくはなかった。それどころか、ビジネスとして成り立つとさえ思った。一見すると、目ざとい銀行家の方が、銀行業務の経験がないただの経済学教授よりもいち早くこのビジネス・チャンスに目をつけると思うだろう。しかし、それは違う。私は既存の銀行を通じてこのプログラムを拡大しようとしたが、なかなか思うようにはいかなかった。

そこで、私はやむにやまれず、自分で貧困者専門の銀行を設立することにした。銀行の設立は長く険しい道のりだった。しかし、バングラデシュの当時の財務大臣の支援を受けて、ついに新しい銀行を設立することができた。その名も「グラミン銀行」。貧困者専門の銀行だ。ベンガル語で「村の銀行」を意味する。

現在、グラミン銀行は全国的な銀行となり、バングラデシュ国内のすべての村の貧しい人々にサービスを提供している。八〇〇万人の借り手のうち、実に九七パーセントが女性だ。銀行を設立して間もなく、私たちは女性への融資を重視することに決めた。というのも、当時の銀行は、高所得であっても女性には貸付を行なっていなかったため、当初はそれに抗議する目的があった。また、私たちはバングラデシュの女性にはお金を稼ぐ才能や技術があると考えていた。そこで、男女均等に融資を行なうという目標を打ち立てた。しかし、しばらく業務を続けるうちに、男性の借り手よりも女性の借り手の方が家庭にはるかに大きな利益をもたらすことに気づいた。女性の収入は真っ先に子どもの利益につながるし、女性の方が貧困から抜け出す意欲が強い。バングラデシュの農村部の女性に融資することは、社会全体の貧困と闘う何よりの方法だと気づいたのだ。

グラミン銀行の特色はほかにもある。銀行を所有するのは借り手側で、借り手が株主として一三人の取締役のうち九人を選出する。グラミン銀行は、最貧困層の顧客を対象に、月に一億ドル以上（ひとり当たり平均約二〇〇ドル）を無担保で融資しているが、返済率はおよそ九八パーセントと非常に高い。しかし、従来の銀行はいまだに貧しい人々を信用に値しないととらえている。

また、グラミン銀行は物乞いの人々にも融資している。彼らは物乞いを続けながらも、ローンを利用しておもちゃ、家庭用品、食糧などを訪問販売している。意外にも、物乞いの人々は寄付に頼るよりも商品を売って自立したいと考えているようだ。現在、このプログラムには一〇万人以上の物乞いの人々が参加しており、開始から四年で一万八〇〇〇人以上が物乞いから足を洗った。そして、参加者の大半が二度目・三度目の融資を受けている。

さらに、グラミン銀行は借り手の子どもたちの教育も支援している。高等教育を求める人々に手頃なローンを提供しているのだ。その結果、今や五万人以上の学生がグラミン銀行の融資を受け、医科大学、工業専門学校、大学に通っている。

私たちは若者たちに、仕事を探す立場ではなく与える立場になりなさいと伝えている。「きみの母親はグラミン銀行という巨大な銀行を所有している。だから、事業を立ち上げようと思えば、いつでも十分な融資を受けられる。それなら、誰かの下で働くために仕事を探すなんて時間の無駄だ。働き手ではなく雇い手になりなさい」と。グラミン銀行は、バングラデシュの人々に「依存」ではなく「起業家精神」や「自立」を促そうとしているのだ。

グラミン銀行は自立的な経営を行なっており、運営資金はすべて預金でまかなわれている。借り手は毎週少額ずつ預金する義務があるため、グラミン銀行の預金の半分以上は借り手からのものだ。預金残高の総額は五億ドル以上にもなる。

すべてのきっかけは、私がジョブラ村の貧しい人々のために二七ドルの借金を肩代わりしたことだった。それを考えれば、これだけでも十分に大きな偉業だ。しかし、バングラデシュでのグラミン銀行の偉業は単なる第一歩にすぎなかった。

今日では、「マイクロクレジット」や「マイクロファイナンス」と呼ばれる、貧しい女性を対象にした少額の無担保融資は世界中に広がっている。世界のほとんどの国で、グラミン風のプログラムが行なわれている。ニューヨーク市では「グラミン・アメリカ」というプログラムが実施されており、二〇〇八年にはニューヨークのクイーンズに最初の支店がオープンした。グラミン・アメリカは、小事業を始めたり、既存の事業を拡大したりしようとする地元の女性のために、無担保で少額の融資（平均約一五〇〇ドル）を行なっている。その女性の大半は、自立に向けて奮闘する誇り高きシングル・マザーたちだ。

グラミン・アメリカは、ニューヨーク州ブルックリン、ネブラスカ州オマハ、カリフォルニア州サンフランシスコなどにも支店を展開していく予定だ。グラミン・アメリカの成功からわかるのは、最先端の銀行システムを持つ世界の最富裕国でさえ、銀行サービスを十分に（あるいはまったく）受けられない人々専門の銀行が切実に求められているということだ。

なぜ私は貧しい人々への銀行サービスをこれほど重視するのか？　もちろん、悪徳な金貸したちによって貧困の檻《おり》に閉じ込められている人々をたまたま目撃したからというのもある。しかし、貧困の責任は貧しい人々自身にあるわけではないとますます確信するようになったからでもあるのだ。

グラミン銀行の借り手と会うと、母親はまったく文字が読めないのに、娘や息子は医者やエンジニアであるというケースがよくある。そういう親子を見るにつけ、「この母親だって医者やエンジニアになれたはずだ」と私は思う。母親にも娘や息子と同じ才能があるはずだ。母親がその才能を発揮できなかったのは、社会からそのチャンスを与えられなかったからだ。学校でアルファベットを学ぶ機会さえなかったからだ。

貧しい人々と接すれば接するほど、貧困の原因は貧しい人々の能力不足ではないという確信が深まるはずだ。貧困は貧しい人々が作るものではない。私たちが生み出した制度、私たちが築き上げた機関、私たちが作り上げた概念によって生まれるものなのだ。

貧困が生まれるのは、私たちが築き上げた機関に欠陥があるからだ。その一例が金融機関だ。銀行は、世界人口の三分の二近くの人々に金融サービスを提供することを拒んでいる。ずっと昔から、銀行は低所得者には融資できないと主張し、誰もがその説明に納得してきた。その結果、高利貸しが世界中で大手《おおで》を振ってきた。グラミン銀行はこの前提に疑問を投げかけ、貧しい人々への融資は可能なばかりか、利益になることを証明したのだ。

二〇〇八年に始まった世界的な金融危機で、古い前提の誤りはいっそう明白になった。担保に頼る従来型の巨大銀行が崩壊する一方で、担保に頼らない世界のマイクロクレジット・プログラムは、ますます勢いを強めている。この結果を突きつけられた従来の金融機関は、信用力に関する古い考え方を見直すだろうか？　ようやく貧しい人々にも門戸を開くのだろうか？

銀行側の答えはおおよそ想像がつくが、私はこの疑問に真剣に取り組んでいる。危機の最中にこそ、大きなチャンスが潜んでいる。物事が機能しなくなったときこそ、再設計、再編成、再構築を行なう絶好のタイミングなのだ。したがって、今こそ従来の金融機関を誰でも利用できる金融機関に変えるチャンスだ。この機会を逃してはならない。そして、金融サービスを受けられない人をなくさなければならない。金融サービスが人間の自己実現に欠かせない役割を果たしているとしたら、クレジット（信用）は人権の一部ととらえられるべきなのだ。

貧困を生み出すのは人間ではなく環境であるという事実には、もうひとつ重要なメッセージが含まれている。人間の潜在能力についてだ。

この世に生を受けたすべての人間は、自立する能力だけでなく、世界全体の福祉に貢献する能力を備えている。その潜在能力を発揮できる人がいる一方で、生まれ持ったすばらしい才能を開花させる機会がない人も多い。そういった人々が才能を発揮できないままこの世を去れば、世界はその貴重な貢献をみすみす逃すことになる。

私はグラミンの経験を通じて、人間の持つ創造力を深く信じるようになった。そして、人間は飢餓や貧困といった不幸を背負うために生まれてくるわけではないという信念を抱くようになった。貧困は人災であり、外的なものだ。そして、外的なものであるがゆえ、取り除くことができるのだ。

私たちが現代のシステムを設計し直し、貧困を生み出す致命的な欠陥を取り除きさえすれば、貧困のない世界を創ることは可能だ。〝貧困博物館〟でしか貧困を目にできないような世界を。いつの日か、子どもたちが貧困博物館を見学する日がやってくるだろう。そして、なんの罪もない世界中の人々が不幸や屈辱を背負わされていたという事実にぞっとし、その状況にずっと見て見ぬふりをしてきた先祖たちを責めるに違いない。それも当然だ。

貧しい人々は盆栽《ぼんさい》のようなものだと私は思う。どんな大木《たいぼく》から取った種《たね》でも、小さな鉢に植えれば、わずか数センチの盆栽にしかならない。しかし、悪かったのは植えた種ではない。土壌の方だ。貧しい人々は盆栽とまったく同じだ。種には何も問題はない。しかし、社会が成長する土壌を与えなかった。人々を貧困から救うには、それを実現する環境を整えるだけでいい。貧しい人々がエネルギーと創造力を解き放ったそのとき、貧困はたちまち消え去るだろう。

ソーシャル・ビジネスという概念

七〇年代半ば、私は貧しい人々に手を差し伸べる第一歩を踏み出した。それ以来、貧困はずっと私にとって中心的な問題だが、次第に農業、家畜、漁業、再生可能エネルギー、ＩＴ、教育、健康、手織物、雇用サービスなど、そのほかの分野にも目を向けるようになった。こういった分野はいずれも貧困と深いかかわりがあり、正しく設計すれば貧困撲滅の足がかりになると考えたからだ。私は、持続可能な方法で貧困問題に対処できるかどうかを確かめるべく、分野ごとに会社を設立していった。貧困とは生活の状態を表わす言葉であり、本来さまざまな側面を持っている。したがって、多角的なアプローチが必要だ。無意味なアプローチはひとつもない。

こういった多種多様なアプローチを試すうちに、私の考え方の枠組みは単なるマイクロクレジットからもっと大きな概念へと移っていった。つまり、マイクロクレジットをすっぽりと包含するような大きな概念だ。この新しい概念を利用すれば、資本主義経済の枠組みをより完全無欠な状態に近づけ、貧困などの社会問題や環境問題を生み出す基本的な欠陥を取り除き、資本主義経済の構造に根本的な変化をもたらすことができる。その新しい概念こそ、本書のテーマである「ソーシャル・ビジネス」だ。

もう一度、二〇〇八〜二〇〇九年の金融危機について振り返ってみよう。不幸なことに、マスコミはこの危機さえ去れば何もかも解決するという印象を私たちに植えつけようとしている。経済は再び成長軌道に乗り、すぐさま〝いつもどおり〟に戻ると。

しかし、その〝いつもどおり〟そのものに問題があるのだ。私たちは、金融危機が人類を脅かす数々の危機のひとつでしかないことをすっかり忘れている。世界には、食糧危機、エネルギー危機、環境危機、医療危機、そして地球規模の貧困という社会的・経済的危機も相変わらず存在している。これらの危機はさほど注目を浴びていないが、深刻さでは金融危機に引けを取らないのだ。

さらに、マスコミは、別々の危機がたまたま重なっただけだという印象も与えている。それは真実とはいえない。実際には、先ほど挙げた危機は共通の根本原因から生まれたものだ。つまり、資本主義の理論的構造に潜む根本的な欠陥だ。

現代の資本主義理論の最大の欠陥とは、人間の本質を誤解している点だ。現代資本主義では、ビジネスを営む人間は一次元的な存在として描かれており、利益を最大化することが唯一の目的だとされている。つまり、人間は利益の最大化という経済的目標を一途に追い求めるとみなされているのだ。

これはずいぶんと歪んだ人間像だ。ちょっと考えただけでも、人間が金儲けのロボットではないことは明らかだ。人間が多次元的な存在であるというのは人間のごく基本的な事実だ。人間の幸福には、金儲けだけでなく、さまざまな要素が絡み合っているはずだ。

それでも、エコノミストたちは、人間が自己利益のみを追求して経済活動を行なうという前提でビジネス理論全体を構築してきた。そして、個人が自由に自己利益を追求することによって、社会的利益が最大になると結論づけた。この人間性の解釈は、政治、社会、感情、精神、環境など、人生のそのほかの側面が果たす役割を否定している。

確かに、人間は利己的な存在だ。しかし、同時に利他的な存在でもある。すべての人間には、このふたつの性質が共存している。確かに、人間の行動の多くは自己利益や利益追求で説明できる。しかし、この歪んだレンズを通して説明のつかないことはいくらでもある。利益の追求だけが人間の行動基準だとしたら、この世には個人の富を最大化する組織しか存在しないはずだ。大した利益にもならないキリスト教会やユダヤ教会、モスク、学校、美術館、公共の公園や診療所、公民館は存在しないはずだ。慈善団体、財団、非営利組織などこの世にないはずだ。

つまり、明らかに人間には利他心があるということだ。慈悲深い人々によって支えられている無数の慈善団体がそれを証明している。確かに、多くの国々では慈善団体への寄付者が税制面で優遇されている。しかし、税控除を受けたからといって寄付額以上が戻ってくるわけではない。したがって、利他的な動機がなければ寄付を行なうはずはないのだ。にもかかわらず、このような人間の利他心は経済でなんら役割を発揮していない。

この人間性の歪んだ見方こそ、不完全で不正確な経済思想を生み出している致命的な欠陥だ。その欠陥が積もり積もって、今日のさまざまな危機が生まれた。現代の政府規制、教育制度、社会構造はいずれも、利己的な動機のみが〝真実〟であり、注目する価値があるという前提に基づいている。その結果、私たちは営利事業の発展や支援に膨大な時間、エネルギー、資金を注ぎ込んでいる。営利事業が人間の創造力の根源であり、社会問題を解決する唯一の方法だと思い込んでいる。そして、危機がどれだけ深刻化しても、その根本的な思い込みを疑おうとしない。

しかし、いったん現代の理論構造の欠陥を認めれば、解決策は一目瞭然になる。経済理論から一次元的な人間像を捨て去り、利己心と利他心を併せ持つ多次元的な人間像を取り入れるべきなのだ。

そうすれば、私たちのビジネス風景は一変するはずだ。そして、二種類のビジネスが必要になるだろう。ひとつは個人的利益を追求するビジネス。もうひとつは他者の利益に専念するビジネス。前者のビジネスの目的は、他者を犠牲にしてでも企業の所有者の利益を最大化することだ（実際、利益の最大化を追求する人々の多くは、故意に他者の生活を傷つけることさえいとわない）。一方、後者のビジネスでは、すべてが他者の利益のために行なわれる。他者の役に立つという喜び以外、企業の所有者にはなんの報酬もない。このふたつ目のビジネス、つまり人間の利他心に基づくビジネスこそ、私のいう「ソーシャル・ビジネス」だ。現代の経済理論に欠けているのはまさにこの考え方だ。

ソーシャル・ビジネスの投資家の目的は、金銭的な利益を得ずに他者に手を貸すことだ。しかし、ビジネスというくらいだから、ソーシャル・ビジネスは持続可能でなければならない。つまり、経費を穴埋めできるだけの収益を生み出す必要がある。ソーシャル・ビジネスの利益は、一部がビジネスの拡大に再投資され、一部が不測の事態に備えて留保される。したがって、ひと言でいえば、ソーシャル・ビジネスは、社会的目標の実現のみに専念する「損失なし、配当なしの会社」といえるだろう。

ソーシャル・ビジネスは、社会問題を根絶するための利他的なビジネスと考えられる。ソーシャル・ビジネスでは、会社に利益が生じても、誰にも利益が配分されない。社会的目標の追求だけが目的なので、個人が利益を得るという考え方はない。企業の所有者は、一定期間後に投資の元本を回収できるだけだ。

しかし、現実的に考えて、利他的な目的で企業を営もうと思う人などいるのだろうか？　ソーシャル・ビジネスの資金源はどこにあるのか？

真の人間なら、喜んで利他的なビジネスを営むだろう。私たちにとって必要なのは、欠陥のある経済理論によって植えつけられた「利益第一」という考え方を振り払うことなのだ。

利益の見込みがないビジネスに、どこから資金が集まるのかと疑問に思うかもしれない。その答えは意外と単純だ。今まで慈善事業に回されていたお金が資金源のひとつとなる。世の中の偉大な財団や非営利組織を考えてみてほしい。大小さまざまな団体が、無数の寄付者の慈善心によって支えられている。アメリカだけを見ても、近年の非営利組織の年間収入は一・一兆ドルを超えている。

この統計からも明らかなように、人間は住みよい世界を作ろうとする組織に喜んでポケット・マネーを差し出すのだ。ソーシャル・ビジネスの方がその目的に適《かな》っていると思えば、喜んで寄付金をソーシャル・ビジネスに投資するようになるはずだ。

ビル・ゲイツやウォーレン・バフェットのような裕福な慈善家だけでなく、多くの人々が、他者の生活を変える喜びを分かち合うために、ソーシャル・ビジネスに投資しはじめるだろう。そして、世界を変えるソーシャル・ビジネスを築くためなら、資金だけでなく、創造力、人脈、技術、人生経験なども差し出すはずだ。

ソーシャル・ビジネスの考え方が広まれば、多くの人々が投資資金を営利企業からソーシャル・ビジネスに回すだろう。これはソーシャル・ビジネスの新たな資金源となる。それまで社会政策に使われていた政府資金の一部は、ソーシャル・ビジネスに投じられるはずだ。そして、営利企業の設立する社会的責任（ＣＳＲ）ファンドもソーシャル・ビジネスに利用できるだろう。

現代の経済理論が多次元的な人間像に対応するようになれば、学生たちは学校や大学で「従来型の営利事業」と「ソーシャル・ビジネス」という二種類のビジネスを学ぶようになる。子どもたちは、成長していく課程で投資する会社や勤務する会社を真剣に選ぶようになる。そして、多くの若者たちが、住みよい世界を夢見て、ソーシャル・ビジネスを立ち上げたいと考えるようになるだろう。在学中の若者がソーシャル・ビジネスを考案し、さらには個人や仲間同士でソーシャル・ビジネスを立ち上げ、世界を変えるために創造力を発揮する日が来るかもしれない。

夢ではなく現実

新しい概念には避けられないことだが、ソーシャル・ビジネスの概念にも実証が必要だ。そこで、私はバングラデシュでソーシャル・ビジネスの立ち上げを始めた。

その中には、グラミン企業と世界の著名な多国籍企業の合弁企業として設立され、有名になったものもある。その最初の合弁企業は、バングラデシュの子どもたちの栄養不足を解消する目的で、二〇〇五年にフランスの乳業会社「ダノン」と提携して設立された「グラミン・ダノン」だ。グラミン・ダノンは、子ども向けの美味しいヨーグルトを製造し、貧しい人々にも手の届く価格で販売している。

このヨーグルトには、鉄、亜鉛、ヨウ素など、子どもたちの日常の食事に不足しているさまざまな微量栄養素が添加されている。週に二個のヨーグルトを八〜九カ月ほど食べつづければ、必要な微量栄養素をひととおり摂取でき、健康で元気いっぱいの子どもになるのだ。

グラミン・ダノンは、ソーシャル・ビジネスの基本原理を忠実に守っている。ビジネスは持続可能であり、企業の所有者は投資の元本を超える配当を受け取らない。企業の成功基準は、生み出した年間利益ではなく、栄養不足を解消した子どもの数だ。

私は、前作『貧困のない世界を創る』で、グラミン・ダノン設立のエピソードを紹介した。本書ではその最新情報をお届けしたいと思う。あとでお話しするように、私たちはこの数年間で、ソーシャル・ビジネスを設立して成功させる方法について、数々の教訓を得ることができた。

さらに重要なのは、グラミン・ダノンがロール・モデルとなり、世界の注目を一手に集めてきたということだ。今や数多くの大企業がグラミンにソーシャル・ビジネスの合弁事業を打診するようになった。私たちがソーシャル・ビジネスの発明者だと知り、ソーシャル・ビジネスをうまく運営するために、グラミンと手を結ぼうと考えているのだ。そういった企業が経験を積めば、需要のあるさまざまな場所でソーシャル・ビジネスを営むようになるだろう。

フランスの大手水事業会社「ヴェオリア」との合弁ソーシャル・ビジネスは、「グラミン・ヴェオリア・ウォーター・カンパニー」と呼ばれている。水のヒ素汚染が深刻なバングラデシュの村々に安全な飲料水を届けるために設立された会社だ。村人たちは、汚染された水を飲む代わりに、会社から低価格な飲料水を買う。今後、安全な飲料水が村人の健康に及ぼす影響について調査していく予定だ。

ドイツの大企業「ＢＡＳＦ」も、防虫処理を施した蚊帳《かや》をバングラデシュで生産する合弁事業契約をグラミンと締結した。寝床《ねどこ》を蚊帳で覆うことで、蚊を媒体とするマラリアなどの病気に感染せずにすむ。ＢＡＳＦとグラミンの合弁事業では、この蚊帳をできるだけ安く製造・販売し、貧しい人々に利益を届ける予定だ。

インテルとの合弁会社である「グラミン・インテル」は、情報技術や通信技術を利用して、農村部の貧困者の問題を解決することを目指している。たとえば、医師、看護師、診療所の数が不足している発展途上国の村々に医療サービスを提供する取り組みが挙げられる。このあとの章で説明するように、その目的は貧しい村人たちに最先端の医療を届ける斬新なテクノロジーを開発し、重要なサービスを経済的に持続可能な方法で提供する小規模な起業家たちを生み出すことだ。

グラミンとアディダスの合弁会社、「グラミン・アディダス」では、最低所得者向けの低価格な靴を生産することを目指している。その目的は、靴を履かない子どもや大人をひとりもなくすことだ。もちろん、砂利道を歩くとき、靴を履いていた方が快適で気持ちよいからというのもある。しかし、本質的には健康の問題と深くかかわっている。靴を履かずに素足で歩けば、農村部の人々（特に子ども）は傷口から寄生虫病に感染する可能性がある。アディダスは、グラミンと協力し、経済的に持続可能なソーシャル・ビジネス・モデルに基づいて、発展途上国のもっとも貧しい人々に利益を届けようとしている。

さらに、通信販売事業の世界的大手であるドイツのオットー社は、織物や衣料品を生産し、南アジアから先進国に輸出するソーシャル・ビジネスを開始しようとしている。「オットー・グラミン」は、バングラデシュに衣料品工場を建設し、経済の片隅に追いやられやすいシングル・マザーや障害者などを積極的に雇用する予定だ。上がった利益は、従業員やその子ども、地域の貧しい人々の生活水準の向上に役立てられる。

これらの例が示すように、ソーシャル・ビジネスは単なる夢物語ではない。現実なのだ。すでに人々の生活に好影響を及ぼし、世界の最先端企業の熱い視線を浴びはじめている。

そのほかにも、さまざまなソーシャル・ビジネスが計画中だ。中でも期待されているのは、特殊な地域や恵まれない人々のために雇用を創出するソーシャル・ビジネスだ。ソーシャル・ビジネスには、所有者のために利益を生み出さなければならないというプレッシャーがない。そのため、利潤最大化企業よりも投資機会ははるかに幅広い。利潤最大化企業の場合、投資を決断するには、所定の最低投資利益率(たとえば二五パーセント)を実現できる見込みがなければならない。その利益率が見込めないなら、投資は行なわれない。同じ利益率を見込める投資機会など、ほかにいくらでもあるからだ。投資家は利益を求めるので、利益の規模によって投資するプロジェクトが決まってしまうのだ。

しかし、ソーシャル・ビジネスの場合、見込まれる利益によって投資が決断されるわけではない。社会的目標によって決まるのだ。目標が雇用の創出だとしたら、ビジネスが持続可能であるかぎりゴー・サインが出るだろう。これがソーシャル・ビジネスにとって雇用創出の大きな後押しになる。プロジェクトの投資利益率がほぼゼロでも投資が行なわれ、その過程で多くの人々に雇用の機会が生まれる。しかし、純粋な営利事業の世界では、こうした雇用は生まれない。なんと不幸なことだろう。

医療もソーシャル・ビジネスにとっては潜在需要の高い分野だ。多くの国々の公共医療は効率が悪く、もっとも医療を必要としている人々にまで行き渡らないことも多い。一方、民間医療は主に高所得者のニーズに合わせてサービスを提供している。ソーシャル・ビジネスなら、公共医療と民間医療の大きな隙間を埋めることができるのだ。

バングラデシュでは、「グラミン・ヘルスケア」が農村部に実験的な健康管理センターを設立しているところだ。このセンターは、病気の予防に重点を置き、診察や健診サービス、健康保険、健康や栄養に関する教育を提供することで、人々の健康を維持していく予定だ。グラミン・ヘルスケアは、世界中にほぼ普及している携帯電話を活用し、先進メーカーと提携して画像やデータを都市部の医療専門家にリアルタイムで送信する診断機器をデザインしようとしている。私は、効率を劇的に改善する新技術を利用することで、医療コストを大幅に抑えられると考えている。そうすれば、「経済的な持続可能性」というソーシャル・ビジネスの基本的な目標を満たしながら、貧しい村々にサービスを提供できるはずだ。

また、ソーシャル・ビジネスは医療インフラの改善にも大きな役割を果たす。グラミン・ヘルスケアは、すでにグラミン銀行の借り手の家庭で育った少女に看護教育を提供する看護学校の設立を始めている（監修者注：二〇一〇年設立）。看護師は、バングラデシュだけでなく富裕国でも需要が高い。働き手の不足している魅力的な雇用機会があるのに、多くの少女が村でじっと過ごしているのはもったいない。看護学校をソーシャル・ビジネスとして運営すれば、この空白を埋められるのだ。

さらに、グラミン・ヘルスケアは、第二・第三の医療施設をソーシャル・ビジネスとして設立することも計画している（このあとの章で、そのうちのひとつを紹介する。地中海貧血《サラセミア》に苦しむ子どもたちのために世界最先端の外科的治療を行なう施設で、現在計画中。地中海貧血は治療しなければ死につながる遺伝病だ）。この施設で働く新世代の医師を育てるため、グラミン・ヘルスケアは健康科学技術を専門とする大学を設立する予定だ。

そのほかにも、栄養、水、健康保険、健康教育やトレーニング、アイ・ケア、母子の医療、診断サービスなど、さまざまな健康保健の分野にソーシャル・ビジネスを成功させるチャンスがある。その試作には時間がかかるだろう。しかし、ひとたび独創的な人物が現われ、ソーシャル・ビジネスの設計と試作に成功すれば、たちまち世界中に広がっていくはずだ。

小さなソーシャル・ビジネスを設計するのは、ひとつの種《たね》を生み出すようなものだ。種が完成すれば、誰でも好きな場所に蒔くことができる。どの種も持続可能な作りになっているので、資金調達が足かせになることはない。

さらに、ソーシャル・ビジネスは、現代の最先端テクノロジーを活かすのにうってつけの方法でもある。

今日の世界には、驚くほど強力なテクノロジーがあまたある。しかも、急速に成長し、日を追うごとに強力になっている。しかし、そのテクノロジーの大半は、営利企業によって所有・管理され、金儲けのためだけに用いられている。株主がそう求めるからだ。

しかし、より大きな視野で見れば、テクノロジーは単なる乗り物にすぎない。どのような目的地にも運転していける。現代のテクノロジーの所有者は、金儲けという山のてっぺんを目指している。したがって、テクノロジーは私たちをその山の頂上へと連れていく。しかし、所有者が既存のテクノロジーを利用して貧困に終止符を打ちたいと思えば、テクノロジーはその方向へと連れていってくれる。病気を根絶したいと思えば、テクノロジーはそこへ連れていってくれる。その選択権は私たちにある。唯一の問題は、現代資本主義の理論的枠組みには、その選択肢がないということ。しかし、資本主義の枠組みにソーシャル・ビジネスを加えれば、選択肢が生まれるのだ。

それからもうひとつ。実際には、あえて選択する必要はない。テクノロジーをある目的に利用したからといって、別の目的が満たしづらくなるわけではない。むしろその逆だ。テクノロジーを多様な用途に用いるほど、テクノロジーは強力になっていく。社会問題の解決にテクノロジーを利用したからといって、金儲けの効果が減るわけではない。むしろ、高まるのだ。

ソーシャル・ビジネスの所有者が、テクノロジーのパワーを社会問題や経済問題の解決に向ければ、成果は驚くほどすばやく上がるはずだ。そしてその過程で、次世代の科学者やエンジニアたちはさまざまなテクノロジーのアイデアを生み出すはずだ。ソーシャル・ビジネスの世界は、貧しい人々だけでなく、人類全体に利益をもたらすものなのだ。

ソーシャル・ビジネスの考え方が広まれば、巧妙なソーシャル・ビジネスを設計する創造力の豊かな人々が現われるだろう。そして、深刻な社会問題を解決するソーシャル・ビジネスの事業計画を打ち立てる若者も現われるに違いない。もちろん、アイデアがどれだけすばらしくても、資金がなければ話にならない。しかし、喜ばしいことに、すでにヨーロッパや日本では、ソーシャル・ビジネスに資本や融資を提供するソーシャル・ビジネス・ファンドを設立しようという動きが始まっている。

やがては、さらなる資金源が必要になるだろう。国際機関、国、地方自治体などの行政がソーシャル・ビジネス・ファンドを設立し、ソーシャル・ビジネスを通じて雇用、健康、衛生、公害、高齢化、麻薬、犯罪、マイノリティ（障害者など）といった問題を解決しようとしている市民や企業をサポートすることもありうるだろう。また、二国間や多国間で寄付を行なう人々がソーシャル・ビジネス・ファンドを設立することもありうる。さらに、財団が資金の一定割合をソーシャル・ビジネスの支援に当てたり、企業が社会的責任（ＣＳＲ）活動の予算をソーシャル・ビジネスの資金源にしたりすることも考えられる。

最終的には、ソーシャル・ビジネスへの投資を促進するために、別個の株式市場を設立すべきだろう。いわば〝ソーシャル株式市場《ストック・マーケット》〟だ。ソーシャル株式市場には、ソーシャル・ビジネスしか上場できない。投資家は最初から配当の受け取りを放棄し、深刻な社会問題の解決に手を貸すという誇りや喜びだけを目的にして投資することになるだろう。

ソーシャル・ビジネスという概念があれば、誰もが実現したい世界づくりに一役《ひとやく》買うことができる。

問題の解決を政府任せにし、解決できない政府を批判する日々を過ごす必要はない。社会問題の解決に創造力や才能を発揮するまったく新たな場が生まれるからだ。ソーシャル・ビジネスの有効性が認められれば、政府が独自のソーシャル・ビジネスを設立し、民間のソーシャル・ビジネスと手を組み、過去のソーシャル・ビジネスの教訓を活かして政府系プログラムの効率を改善していくということもありうるのだ。

政府は、ソーシャル・ビジネスを普及させる重要な役割を担うだろう。政府はソーシャル・ビジネスを法的に認める法律を制定し、ソーシャル・ビジネスの透明性、一貫性、正当性を監視する取締機関を設立する必要があるだろう。また、ソーシャル・ビジネスそのものだけでなく、ソーシャル・ビジネスへの投資に対して税的優遇を与えるという方法も考えられる。

ソーシャル・ビジネスには輝かしい未来が待っている。したがって、既存の経済構造を見直し、拡大することがますます重要になってきている。危機を生み出す経済ではなく、危機をきっぱりと断ち切ることができる新しい経済の考え方が必要だ。今こそ、大胆で独創的な考え方を取り入れる時だ。それも今すぐに。世界は急速に変化しているからだ。その新しい枠組みの第一歩として、ソーシャル・ビジネスを経済構造の根幹に取り入れる必要があるのだ。

ここ数年で、ソーシャル・ビジネスは単なる空想から、急速に成長する生きた現実へと進化してきた。すでに多くの人々の生活を向上させ、社会経済の世界的な流行になりつつある。残りの章では、ソーシャル・ビジネスの理論についてより詳しく説明し、現在進行中のソーシャル・ビジネスのエピソードをいくつか紹介したいと思う。さらに、みなさんがこの新しいムーブメントを後押しする方法について、実践的な提案も行ないたいと思う。

第一章　なぜ今、ソーシャル・ビジネスなのか？

ソーシャル・ビジネスは新しい事業形態であり、利潤を最大化する従来型のビジネス（つまり、現代社会のほぼすべての民間企業）とも、非営利組織（慈善的な寄付に頼る組織）とも異なる。さらに、よく耳にする「社会事業」、「社会的起業」、「社会的責任ビジネス」といった言葉ともまったく異なる。これらは一般的に、利潤最大化企業の言い換えにすぎない。

ソーシャル・ビジネスは、利潤追求の世界の外側にある。その目的は、商品やサービスの製造・販売など、ビジネスの手法を用いて社会問題を解決することだ。たとえば、グラミン・ダノンは、微量栄養素を添加したヨーグルトを低価格で販売し、栄養不足の問題を解決しようとしている。グラミン・ヴェオリア・ウォーターは、清浄水を貧しい人々でも買える価格で販売し、飲み水のヒ素汚染という問題に対処している。ＢＡＳＦグラミンは、防虫処理を施した蚊帳《かや》を製造・販売し、蚊を媒介とする病気を減少させようとしている。そのほかにも、進行中・計画中のものも含めて数々の例がある。

ソーシャル・ビジネスにはふたつの種類がある。ひとつ目は、社会問題の解決に専念する「損失なし、配当なし」の会社で、企業を所有する投資家は、上がった利益をすべてビジネスの拡大や改善に再投資する。先ほど挙げた例はすべてこのカテゴリーに含まれる。私たちはこれを「タイプⅠのソーシャル・ビジネス」と呼んでいる。

ふたつ目は、貧しい人々が所有する営利会社だ。これは直接所有される場合もあるし、特定の社会的目標に専念するトラスト（信託機関）を通じて所有される場合もある。私たちはこれを「タイプⅡのソーシャル・ビジネス」と呼んでいる。貧しい人々に利益が分配されれば貧困が緩和されるため、この種のビジネスは当然ながら社会問題の解決に役立つ。グラミン銀行はタイプⅡのソーシャル・ビジネスの一例だ。貧しい人々が銀行の所有者となり、預金者と顧客の両方の役割を果たしているからだ。本書でこれから説明するように、現在計画中のオットー・グラミンの衣料品工場もタイプⅡのソーシャル・ビジネスだ。「オットー・グラミン・トラスト」が工場を所有し、工場の所在する地域の住民に利益を還元する予定だ。

非営利組織とは異なり、ソーシャル・ビジネスには投資家と所有者がいる。しかし、タイプⅠのソーシャル・ビジネスの場合、投資家と所有者は利潤や配当などの金銭的利益はいっさい受け取らない。ソーシャル・ビジネスの投資家は、一定期間後に投資の元本を回収することしかできない。その期間は、一～二年程度の短期の場合もあるし、五〇年以上の非常に長期の場合もある。しかし、投資家の手元に元本以上が戻るビジネスは、ソーシャル・ビジネスとはいわない。

インフレ調整についても同じことがいえる。ソーシャル・ビジネスでは、一ドルは一ドルである。ソーシャル・ビジネスに一〇〇〇ドルを投資したら、手元に戻るのは一〇〇〇ドルであり、鐚一文《びたいちもん》も増えることはない。私たちはこの点については厳格だ。なぜなら、個人が金銭的利益を上げるという発想をソーシャル・ビジネスからはっきりと除外しておきたいからだ。

ソーシャル・ビジネスは新しい考え方なので、私は言葉の意味を正確に定義し、その性質を世間の人々にはっきりとわかりやすく伝えるのにずいぶんと時間と労力を費やしてきた。この努力をともにしてきた心強い仲間が、ドイツのヴィースバーデンにある「グラミン・クリエイティブ・ラボ（GCL）」の創設者であるハンス・ライツだ。私はライツとともに、ソーシャル・ビジネスの「七原則」をまとめた。これは、タイプIのソーシャル・ビジネスの基本的な性質をうまく表わしている。

① 経営目的は、利潤の最大化ではなく、人々や社会を脅かす貧困、教育、健康、情報アクセス、環境といった問題を解決することである。
② 財務的・経済的な持続可能性を実現する。
③ 投資家は投資額のみを回収できる。投資の元本を超える配当は行なわれない。
④ 投資額を返済して残る利益は、会社の拡大や改善のために留保される。
⑤ 環境に配慮する。
⑥ 従業員に市場賃金と標準以上の労働条件を提供する。

⑦　楽しむ！

七原則の最終項目はライツの提案だ。私はこの項目を気に入っている。従来の敵対的なビジネス環境に慣れきった私たちは、すっかりビジネスと楽しみを切り離して考えるようになった。しかし、ソーシャル・ビジネスには喜びがある。ソーシャル・ビジネスに従事した人々は、限りない喜びを発見しつづけるはずだ。

この七原則はソーシャル・ビジネスの基本だ。この原則を念頭に置きながら、本書の残りを読んでいただきたい。本書では、すでに進行中のソーシャル・ビジネスや、計画中の新しいソーシャル・ビジネスのアイデアを紹介するが、いずれにもこの七原則が当てはまることに気づくだろう。私たちのもとには、ソーシャル・ビジネスの考え方やソーシャル・ビジネスへのかかわり方を学ぼうと、数々の企業経営者や起業家がやってくる。そのとき、私たちはこの七原則を紹介する。この七原則は、ソーシャル・ビジネスの基本的価値を常に思い出させてくれる試金石のようなものなのだ。

ソーシャル・ビジネスとは何か？　そして何ではないか？

貧困などの問題を解決する活動について記した文献を見ると、よく「社会事業」や「社会的起業」といった言葉が用いられている。言葉遣いは執筆者によってまちまちだが、いずれも一般的には営利の世界や従来の非営利組織の世界に含まれる概念であり、私のいう「ソーシャル・ビジネス」とは異なる。

「社会的起業」は特定の人物との関連が深く、社会的なビジョンを持つ起業家が開始した社会的な取り組みを指している。その中には、非営利の活動、慈善的な活動、個人的利益を伴う（伴わない）ビジネス活動などがあり、プロジェクトを従来の非営利組織（ＮＧＯ）の枠組みの中で行なう社会起業家もいれば、営利事業を営む社会起業家もいる。社会的起業とは対照的に、ソーシャル・ビジネスは非常に特化したビジネスであり、社会的目標を掲げる「損失なし、配当なし」の企業である。ソーシャル・ビジネスは社会的起業と似た目標を掲げることもあるが、独特で特徴的なビジネス構造を持つ。

教育財団の「アショカ」のように、社会的起業の考え方を推進している組織の中には、私やグラミン銀行の取り組みを「社会的起業」と位置づけているものもある。アショカはこれまで世界中の人々にグラミンのエピソードやマイクロクレジットの概念を普及させてくれたので、私はアショカにあえて反論する気はない。しかし、私の取り組みとほかの社会的起業を一緒くたにしたり、「社会的起業」と「ソーシャル・ビジネス」を単なる同義語のように扱ったりするのは間違っている。

また、ソーシャル・ビジネスを非営利組織の一種ととらえる人もいる。これも正しくない。ソーシャル・ビジネスと一般的な非営利組織では、基本的な性質に違いがあるのだ。

たとえば、財団は、寄付を通じて社会的利益を生み出そうと考えている寄付者たちの資金を配分する慈善団体だ。しかし、財団はソーシャル・ビジネスではない。財務的に持続可能ではないし、通常はビジネス活動を通じて収益を生み出すわけではない。そして、ソーシャル・ビジネスのような「所有者」も存在しない（大半の国々の法律では、財団などの非営利組織は、理事会が国の定めるガイドラインに則って運営しているのであり、所有しているわけではない)。

しかし、財団がソーシャル・ビジネスを所有することは可能だ。私は、財団の関心に沿ったソーシャル・ビジネスを設立することこそ、財団の資金のすばらしい使い道だと考えている。財団が従来型のNGOに助成金を交付したとしよう。確かにその資金は慈善プログラムの設立や支援に使われ、ある程度は地域の利益になるだろう。しかし、いずれにせよ資金はすぐに底を突き、NGOは活動を継続するために再び助成金を申請することになる。

一方、財団がソーシャル・ビジネスの設立に資金を投じたとしよう。その企業は社会的利益を生み出しながら、持続可能な収益を上げることができる。そして、やがては投資の元本を返済できるまでになる。すると、財団は投資した資金を回収し、別の目的に使い回すことができる。その間も、ソーシャル・ビジネスはせっせと世界の役に立ちつづける。そして、ビジネスが軌道に乗れば、社会全体に与える影響力の範囲をどんどん広げていくことができるのだ。

あとで説明するように、アメリカを含む一部の国々では、複雑な法律や税制のせいで、財団が企業に投資するのは難しい。しかし、不可能なわけではない。私は、財団が健康、教育、持続可能な農業など、関心のある分野に資金を投資し、ソーシャル・ビジネスを設立する日が来るのを願っている。そして、今日の主要な財団がそのような選択肢を検討していることを願っている。

同じように、非営利の慈善団体である従来型のNGOも、ソーシャル・ビジネスを所有することは可能だ。ソーシャル・ビジネスは、法律上、税務上、経理上の目的でＮＧＯとは切り離す必要がある。しかし、掲げている社会的目標が同じなら、ＮＧＯがソーシャル・ビジネスに投資するのは、慈善的な目標を追求するのに効果的な賢い方法といえるだろう。

ＮＧＯは確かに世界中ですばらしい取り組みを数多く行なっているが、慈善モデルには特有の弱点もある。私が代替策としてソーシャル・ビジネスという概念を築き上げたのはそのためだ。

寄付に頼るのは、組織の持続可能な運営方法とはいえない。ＮＧＯのリーダーは資金調達に膨大な時間、労力、資金を注がなければならないし、たとえ資金調達に成功しても、大半のＮＧＯは慢性的な資金不足を抱えており、効果的なプログラムを拡大するどころか、維持することもままならないからだ。一方、ソーシャル・ビジネスは持続可能な作りになっている。したがって、所有者は寄付集めにとらわれることなく、社会の貧しい人々などへの利益を増大させることに専念できる。資金を果てしなく循環させるソーシャル・ビジネスは、どんなに優秀な慈善団体よりも大きな影響を及ぼす可能性を秘めているのだ。

さらに、ソーシャル・ビジネスは慈善団体と比べて、利益を受け取る相手に尊厳を与え、自立を促す。善意にあふれた効果的な慈善プログラムであっても、恩恵を受ける人々の自発性を奪ってしまうという影響は避けられない。貧しい人々は、いったん寄付に依存してしまうと、自分の足で立とうという意欲を失ってしまうのだ。

一方、受け取る商品やサービスにそれなりの対価を支払う人々は、自立に向けて大きな一歩を踏み出すことになる。寄付を受動的に受け取るのではなく、経済システムに積極的にかかわり、独力で自由市場経済に参加しはじめる。これは非常に大きな力となる。そして、貧困、格差、抑圧などの真の長期的解決につながるのだ。

もちろん、すべての慈善団体がソーシャル・ビジネスに置き換えられるわけではない。窮地に追い込まれた人には直接的な手助けが必要だ。たとえば、インド洋を襲った二〇〇四年の大津波や、ハイチを壊滅させた二〇一〇年の大地震からもわかるように、ひとたび自然災害が起きると、社会インフラは崩壊し、人々は家を失い、食糧、薬、衣服は大量に不足する。あと数日で餓死しそうな家族には、ビジネスを始めて自立する余裕などない。すぐにでも食糧が必要なのだ。このような状況では、寄付こそ即効性のある唯一の対策といえよう。しかし、緊急事態が過ぎ去れば、ソーシャル・ビジネスの方が効果的で役に立つ場面がやってくる。そこで、私たちはハイチの人々に持続可能で長期的な解決をもたらすために、一連のソーシャル・ビジネスを開始するハイチ・ソーシャル・ビジネス・ファンドを設立した。慈善団体とソーシャル・ビジネスはどちらも必要だが、それぞれが人々の不幸をどう緩和するのか、どの程度まで緩和できるのかを理解しておかなければならない。

自立がほぼ不可能なために寄付に頼らざるをえない人々はほかにもいる。極度の身体障害や精神障害を抱える人々、高齢者や幼い子どもだ。社会にはこういった人々を助ける義務があるし、彼らに自立を求めるのは残酷だ。したがって、ソーシャル・ビジネスに居場所があるように、慈善団体にも居場所はあるのだ。

しかし、私が述べたいのは、貧しい人々の自立を支援するソーシャル・ビジネスは、多くの人が思うよりも適用範囲が広いということだ。先ほど紹介したように、グラミン銀行では物乞いの人々が少額のローンを利用して小事業を営むプログラムを実施している。このプログラムが証明するように、一見すると際立った能力や技術がありそうもない最貧困層の人々でさえ、必要な道具さえあれば自立できるのだ。

グラミン銀行以外にも、社会から見捨てられがちな麻薬中毒者、身体障害者、精神障害者たちに〝奇跡〟を起こしてきたプログラムはたくさんある。したがって、「何かを与えなければ助けられない」と決めつけるのは早計だ。むしろ、私たちのほとんどが生まれつき持っている才能を引き出す方法を考えるべきなのだ。

ソーシャル・ビジネスと混同されがちなもうひとつの組織が、協同組合だ。

協同組合は、組合員によって所有される営利組織であり、組合員（つまり株主）の利益を目的としている。一九世紀初頭にロバート・オウエンをはじめとする社会改革家たちが初めて協同組合運動を発起したときには、はっきりとした社会的目標があった。貧しい人々に力を与え、自立を促し、経済発展を促進することだ。現代でも、社会的利益を生み出している協同組合はある。たとえば、労働者階級の人々に低価格な住宅を提供する住宅協同組合、街の住民の栄養改善に努める食品協同組合、十分な金融サービスを受けられない消費者にサービスを提供する協同組合銀行などがある。

しかし、中には一般の利潤最大化企業とほとんど変わらない協同組合もある。たとえば、特定の農作物を栽培する農業者の協同組合が挙げられる。こういった協同組合は、人々や企業の寄せ集めにすぎず、個人的利益を増大させるビジネス構造を取り入れている。それが悪いとはいわない。しかし、ソーシャル・ビジネスとはいえない。

協同組合をソーシャル・ビジネスにすることは可能だろうか？　協同組合の組合員が貧しい人々であれば可能だ。その場合、協同組合の利益は貧しい人々の支援や貧困の解消に当てられるだろう。これは当然ながら社会に利益をもたらす活動だ。その一例がインドの「自営女性労働者協会（SEWA）」だ。SEWAは、インドの自営業の女性が、雇用、所得、食糧、医療、育児、住宅などの保証された「完全雇用」を目指す労働組合であり、一九七二年に在宅織物工たちの労働組合として誕生して以来、現在ではインド全土で九〇万人以上の組合員を擁するまでになった。組合員がリーダーを選出し、一般組合員の利益を目的として組織を効率的に運営している。

最後に、ソーシャル・ビジネスに関心のある人々からときおり意味を尋ねられる言葉をもうひとつ紹介したい。それは「ソーシャル・マーケティング」という言葉だ。これは七〇年代に社会学者によって生み出された考え方であり、ビジネス・マーケティングの手法やテクニックを用いて人間の行動を変え、社会に利益をもたらす活動を表わす。たとえば、禁煙キャンペーンがその一例だ。各国の政府やNGOは、テレビ・コマーシャル、有名人の証言、雑誌の広告を利用して禁煙メッセージを広めている。名前は似ているが、この種のソーシャル・マーケティングは私の考案したソーシャル・ビジネスとはいっさい関連はない。

ソーシャル・ビジネスと企業の社会的責任

「企業の社会的責任（Corporate Social Responsibility、CSR）」もソーシャル・ビジネスと混同されやすい言葉だ。CSRは、利潤最大化企業が地域社会に貢献するために確保している慈善基金を指すことが多い。たとえば、企業のCSR部門は、病院や学校に資金を寄付したり、貧しい子どもたちに奨学金を提供したり、地域の浜辺や公園の清掃活動のスポンサーになったりすることがある。CSRプログラムの主な目的は、消費者に「よき隣人」や「よき市民」という印象を与え、企業のイメージアップを図ることだ。これ自体が悪いとはいわない。しかし、ソーシャル・ビジネスとは関係がない。

一方、ソーシャル・ビジネスは、貧しい人々の経済的・社会的な境遇の改善など、よりよい社会作りに直結している。利潤最大化企業の場合、CSRプログラムを実施しているといっても、予算の九五パーセントを利益の追求に当てていて、住みよい社会作りには五パーセント未満しか当てていないかもしれない。しかし、ソーシャル・ビジネスは住みよい社会作りに予算の一〇〇パーセントを費やすわけだ。

CSRという概念は、まっとうなビジネス・リーダーが従おうとする「よき市民」の原則を指す場合もある。あらゆる企業がソーシャル・ビジネスになれるわけではないし、なるべきでもないだろう。しかし、従来の利潤最大化企業でさえ、最低限の社会的責任は負うべきだ。

すべてのビジネス・リーダーが果たすべきひとつ目の社会的責任は、事業によって地球上の誰ひとりの生活も脅かさないということだ。私は、経営者全員が「事業を営むことで世界を今よりも危険な場所にはしない」という個人的な誓いを立てるべきだと考えている。つまり、安全にビジネスを営むということだ。たとえば、労働者のケガ対策をしっかりと講じるということ。安全に利用できる商品やサービスを作るということ。そして、環境汚染や地球温暖化の防止策を練るということだ。企業が社会的責任を果たしていると自称するなら、最低でもこれくらいの手続きは踏むべきだと私は考えている。

ふたつ目の社会的責任は、もう少し厳しい。ビジネスを営むことでより安全な世界を作るという責任だ。つまり、環境を汚染しないだけでは十分ではない。大気、海、大地を積極的に浄化し、今までよりも改善する必要がある。消費者が安全に使える商品を製造するだけでは足りない。消費者の生活をより快適で、安心で、健康的にする商品を生み出さなければならないのだ。

そして、三つ目の社会的責任は、国家や国際機関が定めた社会的・政治的な責任の枠組みの範疇《はんちゅう》でビジネスを営むということだ。もちろん、安全性、環境責任、財務健全性などの法律や規制に従うのは当然だ。しかし、それだけでなく、地域、国家、世界規模で社会の福祉に貢献するビジネス活動に積極的に取り組まなくてはならない。CSRを掲げる企業は、よき企業市民として、企業の方針、手順、業務を通じて世界を住みよい場所に変える努力をするべきなのだ。

これらの原則を守りながら、社会的目標と経済的目標を両立させるビジネスを設計するのは不可能ではない。社会的目標の「社会的」というのは、株主の金銭的利益のみを追求するのではなく、より幅広い人々に利益をもたらすという意味だ。そのようなビジネスを設計できない理屈はない。このような社会的取り組みは経済的にも完璧に成り立つだろう。しかし、何度も繰り返すとおり、それは私のいうソーシャル・ビジネスとは異なる。

たとえば、「ザ・サン・シャインズ・フォー・オール」という企業を例に取ろう。これは社会起業家のファビオ・ロサが設立した営利企業で、ブラジルの農村部に太陽光発電を提供している。設立にあたり、ロサはブラジル最南端のリオグランデ・ド・スル州の村人を調査した。この村では、電力網にアクセスできる人々は少なく、約七割の世帯が灯油、ろうそく、電池、液体石油ガスなどのエネルギー源に毎月一一ドル以上を費やしていることがわかった。それだけのお金があれば、基本的な家庭用太陽光発電システムと、配線、照明、コンセントをレンタルすることができた。太陽光発電は環境的に持続可能であり、健康への影響が少なく、幅広い用途に使える。

現在、ロサの会社は、この種の太陽光エネルギー・システムをブラジル南部の村々に設置しており、最終的には電気の整備されていない七五万世帯以上に設置したいと考えている。これは明らかにブラジルの貧しい人々にとって社会的利益になる。しかし、「ザ・サン・シャインズ・フォー・オール」はソーシャル・ビジネスではない。事業計画によると、彼の会社は二九〜三〇パーセントの内部収益率を目標にしている。利益にどん欲な外国の投資家を惹きつけるには、それくらいの収益率が必要だと考えているからだ。

ＣＳＲに精力的に取り組む営利企業は、経済的利益と社会的利益のふたつを同時に追い求めようとしている。しかし、経済的利益を追求することで、社会的利益が制限されてしまうのは否めない。現在の経済構造では、利潤最大化企業は利益を最優先にせざるをえない。そして、利益の最大化を妨げない範囲でしか社会的利益を追求できない。

そのバランスは難しい。たとえば、ある日を境にブラジルの経済情勢が変化したとしよう。ロサは、国外の投資家の利益率を下げるか、現地の顧客のレンタル料金を値上げするかのどちらかを選ばなければならなくなった。さて、彼はどうするだろう。ロサの会社は従来型の営利企業なので、投資家を満足させるために村のサービスを犠牲にするかもしれない。ソーシャル・ビジネスなら、このような選択は不要なのだ。

ソーシャル・ビジネスは、社会的利益の実現に専念している。投資家に利益を生み出すという発想はない。そのため、ソーシャル・ビジネスは社会的目標の実現にじっくりと専念できる非常に強力な手法といえるのだ。

それでは、ソーシャル・ビジネスは通常のビジネスよりも優れているのだろうか？　それは何を重視するかによって異なる。金儲けが目的なら、もちろん利潤最大化企業の方が優れているだろう。人々の問題解決が目的なら、ソーシャル・ビジネスの方が一枚上手《うわて》だ。営利企業にはソーシャル・ビジネスほど人々の問題を解決する力はないからだ。

利益とソーシャル・ビジネス

私たちはたまにこんな質問を受ける。なぜ、利潤追求の力を利用しながら社会的利益を追求するという考え方を切り捨てるのか。言い方を変えれば、なぜ「善を行ないながら利益を得る《ドゥーイング・ウェル・バイ・ドゥーイング・グッド》」という考え方を否定するのか。たとえば、本当に貧困を根絶したいのなら、なぜ現実主義的なアプローチをとってはいけないのか。利益を上げるという現実主義的な考え方があってもいいのではないか。さらには、営利組織の方が効果的に貧困と闘えると主張する人もいる。利益を期待できる方が資金も集まりやすく、ビジネス・モデルを拡大しやすい。その結果、より多くの命により早く影響を与えられるのではないか。善意の経営者たちはこの考え方を「ダブル・ボトムライン」や「トリプル・ボトムライン」と呼んでいる。

私は利潤の追求を否定するつもりはない。ソーシャル・ビジネスでさえ、利潤を会社に蓄え、社会的利益の拡大に当てるという条件を満たせば、利益を上げることは認められている。利益そのものは悪いものではない。

しかし、ソーシャル・ビジネスは新たな事業形態だ。ソーシャル・ビジネスは、これまでの利潤最大化のビジネス・モデルを一掃するものではなく、消費者、労働者、起業家に新たな選択肢を与え、市場の幅を広げるものだ。ビジネスの世界に新しい次元をもたらし、ビジネス界の人々に新たな社会意識を芽生えさせるものなのだ。

ひとつはっきりさせておきたい。私はビジネス界の人々に今までのビジネスを捨てなさいと言っているわけではない。企業をソーシャル・ビジネスに変えなさいと言っているわけでもない。私が言いたいのは、社会問題を危惧しているなら、ソーシャル・ビジネスのメカニズムを利用した方が問題の解決に大きく貢献できるということだ。しかし、決定権はあなたにある。従来の営利企業の道を選んだとしても、誰も指さして咎《とが》めたりはしない。しかし、ソーシャル・ビジネスの道を選べば、言いしれぬ喜びが待っているだろう。それは私が保証する。

したがって、私はソーシャル・ビジネスの設立や参加を誰かに押しつけるつもりはない。しかし、ソーシャル・ビジネスは決して利益を追求したり、所有者に配当を支払ったりするものではないという点だけは、明記しておきたい。その理由は主に三つある。

ひとつ目は、倫理的な理由だ。私は、貧乏人を相手に金儲けをする（特に、企業が利潤を最大化する）のは非道徳的だと考えている。それは仲間の苦しみで利益を得ているようなものだ。人間の良識からすれば、そのような行為はあってはならない。

これは単なる空論ではない。マイクロクレジット・コミュニティでは非常に現実的な問題だ。過去二〇年間で、グラミン銀行のマイクロクレジット・モデルの威力は知れ渡り、世界中の組織が貧しい人々に少額のローンを開始してきた。

そういった組織の多くは、グラミン銀行の手法を忠実に守っている。たとえば、ローンには最低限の金利しか課さず、借り手には銀行の所有者になる機会を与えている（グラミン銀行の金利は最高でも二〇パーセントで、学生ローンや住宅ローンなど、多くのローンではそれよりもはるかに金利が低い）。

しかし、マイクロクレジット業界の営利企業の中には、それよりはるかに高い金利（時には年利八〇〜一〇〇パーセント）を設定して、高額な利益を上げている企業もある。貧困者への貸付はコストがかかるため、金利は下げられないのだという。確かに、従来型のローンと比べて、貧しい人々への少額融資には余分な管理コストがかかる。しかし、資金調達やサービス提供の総コストとまるで不釣り合いな金利を設定するべきではない。

私はこのような過剰な金利には断固として異を唱えてきた。貧しい人々にサービスを提供するというマイクロクレジットのそもそもの精神に反するからだ。それまで暴利をむさぼってきた村の金貸しが、名を変えて新たな搾取に加わるようでは、グラミン銀行の設立理念を裏切ることになる。

世界の最貧困者を相手に利益を上げることの可否について尋ねられると、私はこう答えることもある。「利益の追求には反対しません。しかし、まずは貧しい人々に貧困から逃れる手助けをしようではありませんか。貧しい人々が中流階級になったら、商品でもサービスでもどしどし売りつけて、大儲けすればいい。しかし、貧乏でいるうちは、お金をむしり取るのはお待ちなさい。それが人の道です」

ソーシャル・ビジネスから利益の追求をはっきりと除外するふたつ目の理由は、現実的な理由だ。圧力にさらされると、必ず利益がほかの目標より優先されるからだ。

経済的利益と社会的利益を両立させ、ふたつの目標を同時に満たそうとすると、CEOは大きな悩みの種を抱えることになる。思考回路は曇り、視界がぼやけてくる。経済的利益と社会的利益のバランスを取らなければならない状況に陥ったとき、どちらをどれだけ優先すればいいのか？　社会的利益を少しだけ削れば経済的利益が大幅に向上する場合、そうしてもいいのか？　その判断基準は？　不況などの経済的な苦境に立たされている時期には、会社を存続させるために社会的利益をゼロにしてもかまわないのか？　その根拠は？　〝両立型〟の企業では、このような疑問に明確な答えがない。

実際のところ、このような葛藤が生じると経済的利益に軍配が上がりやすい。たいていのCEOは、おそらく無意識的に経済的利益に心が傾き、会社の生み出している社会的利益を誇張するだろう。CEOでさえ真の優先順位がよくわからないのだから、中間管理職の人々や現場の従業員はもっと混乱するはずだ。次第に、社会的目標の重要性は薄れていき、利潤の追求は企業文化にますます深く根づいていくだろう。

ちょっとした例を挙げよう。アメリカでは、貧しい人々の多くが飢えを逃れるために地域のフード・バンク（包装の傷みなどで、品質に問題がないにもかかわらず市場で流通出来なくなった食品を、企業から寄付を受け生活困窮者などに配給する活動およびその活動を行なう団体）に頼っている。フード・バンクは、個人や企業から寄付された食糧を蓄え、お腹を空かせた家庭に配給している。

これまで、期限切れの食品、へこんだパッケージ、ラベルを間違えた商品など、売り物にならない食糧を寄付するスーパーマーケットがフード・バンクを支えてきた。お腹を空かせた人々は〝売り物にならない〟商品を喜んで受け取り、スーパーは「よき市民」という名声を得る。一見すると、企業の社会的責任がうまく機能している好例ともいえる。

しかし、二〇〇九年秋、アメリカの多くのフード・バンクが寄付の不足を訴えた。そのひとつの理由は、〝売り物にならない〟商品を定価の三〜四割で買い取る新しいビジネスが生まれたことだ。中間業者が買い取った商品を格安店に販売し、格安店は通常価格よりも大幅に値引きして売る。スーパーにとっては新たな収入源だが、それまで売り物にならないとされていた食糧がフード・バンクに寄付されないことになる。

私は新たなビジネス・チャンスに目をつけたスーパーを批判する気はない。スーパーの目的はあらゆる手を尽くして利益を最大化することだ。しかし、この例が示すように、利潤最大化企業の善意を頼りにして貧しい人々のニーズを満たすのは危険だ。利益と人間のニーズが対立すれば、勝つのはたいてい利益の方だ。人間のニーズは二の次にされてしまうのだ。

しかし、ソーシャル・ビジネスは、経営者に明確で揺るぎない指示を与える。バランスを考える必要はない。企業の意思決定は、すべてたったひとつの尺度で行なわれる。社会に最大の利益をもたらすにはどうすればよいか？　もちろん、だからといって意思決定が常に簡単にいくとはかぎらない。独創的な問題解決は、利潤最大化企業にとってもソーシャル・ビジネスにとっても同じくらい難しいものなのだ。しかし、少なくとも経営者が相反するふたつの目的を天秤にかける必要はない。

三つ目は、制度的な理由だ。人々の見方を変え、経済構造を作り直し、新しい考え方を養うには、ソーシャル・ビジネスを営利企業や慈善の世界とは明確に異なる選択肢として定義しておく必要がある。

おそらく、多くの人々にとって最大の難関は、利益を捨てるというハードルを乗り越えることだ。

「少しくらい利益を上げてはいけないのでしょうか？」と尋ねられることがある。実業家にとって、利益という考えはどうしても振り払えないものらしい。

しかし、振り払うのは不可能ではない。わずかな利益しか上げないと誓えるなら（その定義はどうであれ）、まったく利益を上げないと誓うこともできるはずだ。そして、いったんその境地に達すれば、新たな世界が開けてくる。物事の見方や行動ががらりと変わるはずだ。

こんな譬《たと》えを考えてみよう。禁煙に挑戦するとする。一服だけタバコを吸うのは禁煙にとって効果的だろうか、それとも逆効果だろうか？　答えは簡単だ。〝一歩〟後退しただけで、すべての努力が無駄になってしまう。イスラム教徒は、ラマダン月には日没まで飲食が禁じられている。日中に少しでも食べ物をつまんだり、一口でも水を飲んだりすれば、心の誓いが台無しになってしまう。同じように、社会変革に身を投じたいと考えている実業家にとって、利益を捨てることは重大な違いをもたらすのだ。

ソーシャル・ビジネスの目的は、従来のビジネスの枠組みに新しい目標を取り入れることではなく、従来の枠組みから完全に脱却することだ。個人の金銭的利益という考え方をきっぱりと捨てないかぎり、ソーシャル・ビジネスの真の威力は理解できないだろう。

正直に言おう。利益は非常に強力な刺激になる。ふと脳裏に浮かんだだけで、たちまち利益のことしか考えられなくなってしまう。

これこそが従来の資本主義の問題点だ。確かに、資本主義は創造力の源であり、さまざまな面で善をもたらしている。しかし、利益にこだわるあまりに貧困を生み出してきた。全人類に繁栄をもたらすという夢物語を描いたが、それは実現できない夢だった。そこで、ヨーロッパ諸国は、政府に社会的ニーズを満たす役割を与えた。従来の資本主義では貧困、失業、教育、医療といった問題を解決できないと見抜いたからだ。

しかし、発展途上国の政府には、ヨーロッパのような福祉国家を築き上げる管理能力や物的資源が不足している。アメリカなどの国々では、文化的・政治的な慣習が社会問題の解決の足かせになっている。したがって、今こそ新しいメカニズムが必要だ。そして、ソーシャル・ビジネスならそのメカニズムになりうる。そのために重要なのは、利益の追求という厄介事に足を踏み入れないことだ。ソーシャル・ビジネスを営むということは、禁煙ゾーンに立っているようなものだ。わずか〝一服〟でも、ソーシャル・ビジネスという概念全体が台無しになってしまうのだ。

ソーシャル・ビジネスの起源

ソーシャル・ビジネスという考え方の起源は極めてシンプルだ。私は、社会問題や環境問題と向き合うとき、常にビジネスを通じて問題を解決しようとしてきた。次第に、私はビジネスこそ社会問題や環境問題を解決する絶好の手段だと確信するようになった。しかし、既存の経済理論の枠組みにはこの考え方が欠けている。私は経済理論にこの考え方を取り入れるべきだと痛感している。その欠けているピースこそ、私のいうソーシャル・ビジネスというわけだ。

すべての始まりはグラミン銀行だった。私はグラミン銀行の仕事を通じて、数多くの貧しい人々と会った。その多くが単なる資金不足では片づけられない問題を抱えていた。たとえば、グラミン銀行の「一六カ条の決意」について考えてみよう。これは、グラミン銀行が借り手たちに求めている決意表明であり、借り手やその家族の意欲を高め、成長の可能性を引き出すことを目的としている。「一六カ条の決意」はグラミン銀行の設立当初に作られ、一九八四年に今の形になった。それ以降、グラミン銀行のビジネス・アプローチにおいて重要な役割を果たしている。

注目すべきは、「一六カ条の決意」では銀行業務についてまったく触れられていないという点だ。たとえば、第四条には、「私たちは一年中野菜を育てます。私たちは、その野菜をたくさん食べ、残りがあれば売りに出します」とある。私たちがグラミン・プログラムにこの項目を設けたのは、多くの家族がビタミンA不足による夜盲症《やもうしょう》などに悩んでいたからだ。しかし、これは解決できる問題だ。それなら、解決しない手はない。

同じように、第九条には「私たちは簡易トイレをこしらえ、それを使います」とある。グラミン銀行の借り手の大半は、近代的な衛生システムのない町に住んでいる。簡易トイレは、人間の排泄物を媒介とする病気の発生を劇的に減少させるシンプルで実践的な方法だ。実際、全一六カ条のうちの九カ条が、安全な住居、公衆衛生、清潔な飲み水、家族計画など、健康に関連している。

こうして、グラミン企業は単なる金融サービスの枠を超え、社会問題にかかわるようになった。そして、私たちは貧しい家庭の生活のあらゆる要素を改善するプログラムを考案するようになった。

私たちは、問題を見つけるたびに、その問題に応じたプログラムを考案していった。そして、バングラデシュの貧しい人々との触れ合いを通じて知ったさまざまな社会問題を解決するために、一社、また一社と企業を設立していった。

グラミン・ファミリーの各企業を説明しきろうと思えば、膨大なページ数が必要になる。そこで、以下では主要なグラミン企業について簡単に説明したいと思う（グラミン・ファミリー企業について詳しくは、『貧困のない世界を創る』をお読みいただきたい）。

● 「グラミン・テレコム」と「グラミン・フォン」。バングラデシュ全土の人々に近代的な通信技術を届けることで、莫大な経済的・社会的利益をもたらしている。携帯電話会社のグラミン・フォンは、一九九六年の設立以降、電話のサービス・エリアを急速に拡大しつづけ、今では国内全土をカバーしている。二〇〇九年半ばには、バングラデシュで最大の納税企業となり、二五〇〇万人以上の顧客を抱えるまでになった。グラミン銀行の借り手たちは、銀行から借りたお金で携帯電話を買い、テレフォン・レディとなって、電話を持たない村人に通話ベースで電話サービスを販売している。このプログラムにより、四〇万人以上のテレフォン・レディが生まれた。

● 「グラミン・シャクティ」（エネルギー、一九九六年設立）。世界でもっとも急成長している家庭用ソーラー・システム会社。月間一万四〇〇〇台の家庭用ソーラー・システムをバングラデシュの農村部の住人に販売している。二〇一〇年末までに五〇万台の家庭用ソーラー・システムが稼働予定だ。さらに、五〇万台の改良型コンロや五万台のバイオガス装置の稼働を開始させる予定だ。

●「グラミン・カルヤン」(福祉、一九九六年設立)。グラミン銀行の借り手や村の住人たちに低価格で良質な医療サービスを提供している。五四の診療所を運営し、一世帯につき年間二ドルで基本的な医療サービスを提供する健康保険プログラムを実施している。私たちは、医療サービスを専門とする一連のソーシャル・ビジネスを通じて、全国的な医療システムを構築している最中だ。

●「グラミン・モーショー・オー・パシューサムパッド財団」(漁業・畜産財団、一九九四年設立)。政府機関のずさんな管理によって瀕死状態にあったバングラデシュ北部と西部の約一〇〇〇カ所の養魚場を管理している。二〇〇九年末の時点で、三〇〇〇人の貧しい人々が養魚場の管理に携わっており、年間二〇〇〇トンの魚を水揚げし、その半分近くを代金の代わりに受け取っている。二〇〇〇年には畜産プログラムが追加され、研修、ワクチン、獣医医療などを提供しはじめた。酪農業を始める貧しい女性の支援や、既存の酪農業の改善や拡大も行なっている。

●「グラミン・シッカ」(教育、一九九七年設立)。グラミン銀行の各センターで開かれる幼児教育クラスなどを通じて、グラミン銀行の借り手の子どもたちに教育を提供している。二〇〇三年には「スカラシップ・マネジメント・プログラム」を開始し、貧しい子どもたちに奨学金を提供する寄付基金を設立した。二〇〇九年までに、二五〇〇人の子どもたちに奨学金を提供できる資金が集まった。奨学金の資金は年々増えつづけている。

●「グラミン・ウドーグ」（一九九三年設立）と「グラミン・シャモグリー」（一九九六年設立）。手の込んだ綿の織物や衣服を生産するバングラデシュ伝統の手織産業を復興・近代化する目的で設立された織物会社。グラミン・ウドーグ（ウドーグ＝企業）は、地元の織り手たちが新しい織物商品を「グラミン・チェック」という統一ブランド名で国際市場に販売する支援を行なってきた。グラミン・シャモグリー（シャモグリー＝製品）は、「グラミン・チェック」ブランドの衣料品を国内で販売している。

これらのグラミン企業は、いずれも独自の事業計画、組織形態、ミッション・ステートメント、財務構造とともに設立され、成功や失敗を経験しながら改良、改善、修正を重ねていった。そして、新しい事業を始める際には、過去の企業の経験から得られた教訓を役立てている。

これまでの実績を振り返ってみると、あらためてグラミン・ファミリー企業は従来型の企業と異なることに気づかされる。従来型の企業の目的は金儲けだ。一方、グラミンはビジネスの手法やモデルを利用しながら社会問題の解決を目指している。しばらくして、私はこの新種のビジネスに明確な定義と「ソーシャル・ビジネス」という名前を与えた。しかし、私がそれまでに設立していたビジネスの大半は正確にはソーシャル・ビジネスの定義に当てはまらなかった。そこで、私はこの定義に合う新しい事業を興《おこ》しはじめた。その経緯については『貧困のない世界を創る』で詳しく述べている。多くの人々から熱烈な反響があり、今やソーシャル・ビジネスは急成長する社会的・経済的なムーブメントになった。

私は、貧困のない世界を創るという夢を語るとき、しばしばソーシャル・ビジネスの潜在能力について話す。あまりに野心的な夢だからだろうか、こんな質問を受けることも多い。「ソーシャル・ビジネスが国際社会に影響を及ぼすまでどれくらいかかるでしょうか?」

実のところ、人類が貧困を撲滅するのに何年かかるかはわからない(ただし、大半の人々が思うほど時間はかからないと信じている。おそらく、二〇三〇〜二〇五〇年くらいまでには実現するだろう)。しかし、ソーシャル・ビジネスに参加したいと思っている人は、待つ必要などない。社会全体ではなく、社会の一部になら、すぐにでも影響を及ぼすことができるのだ。

ソーシャル・ビジネスを始めようと思っている人は、今すぐに始めてほしい。わずか五人でも、貧困から救ったり、家を与えたり、低価格な医療サービスを届けたりして、生活を向上させることができるなら、それだけでも十分に価値がある。数百万の人々に影響を与えられるようになるまで待つ必要はない。「数百万」は巨大な数だ。しかし、五人や一〇人に好影響を及ぼすことができるなら、あなたは種を発明したことになる。その種を一〇〇万カ所に蒔けばいいのだ。

グラミン銀行もそうだったことを思い出してほしい。すべては合計二七ドルの貸付から始まったのだ。私は「これでバングラデシュの五〇〇〇万人の問題を解決できるだろうか？」とは考えもしなかった。「ジョブラ村の人に何かできることはないだろうか？」と考えただけだ。数人の問題を解決すると、自信がわいた。それを繰り返すだけでいいと気づいた。その結果、マイクロクレジットは世界的な現象になった。五人にお金を貸す方法を心得ていれば、五〇〇〇人、いや五億人に貸す方法さえもすでに知っているはずなのだ。

ソーシャル・ビジネスと政府

ソーシャル・ビジネスは社会主義や共産主義に近いのではないかと聞かれることがある。ずっと「資本主義」対「共産主義」というレンズで物事を見てきた人々からすれば、資本主義の理論や手法の欠陥を指摘する人は社会主義の味方にしか見えないのだろう。

社会主義や共産主義では、国家（つまり政府）が経済を管理する。経済の大部分（あるいは全体）が政府官僚や政治家の指導のもとで管理される。経済に関する意思決定は、政治的な観点から行なわれる。企業同士にはほとんど競争がない。すると、次第に効率やイノベーションは影を潜めていくのだ。

ソーシャル・ビジネスは投資家に選択肢を与える。ソーシャル・ビジネスは誰にも強制されるわけではなく、自由選択の保証された開放経済のもとで営まれる。企業、政府、個人、財団、社会団体や経済団体など、市場の誰にでもソーシャル・ビジネスを設立する権利がある。仲間はずれはひとりもいない。従来なら政府の責任と考えられていた活動を市民が担うことができる。その結果、政府の活動は市民社会によって補われ、政府の負担は軽減される。ソーシャル・ビジネスは営利事業ではないため、政府は市民社会や民間企業が運営するソーシャル・ビジネスと自由に提携できるし、独自のソーシャル・ビジネスを始めることもできるのだ。

つまり、ソーシャル・ビジネスがあれば、企業、市民社会、個人は大規模な社会問題を解決できる事業形態を手にすることができるのだ。ソーシャル・ビジネスが経済の中で活発に役割を果たしている社会では、市民は貧困、飢餓、ホームレス、病気などの問題が政府によって解決されるのをじっと待つ必要はない。自分で事業を興《おこ》し、問題の解決を図ることができるからだ。まずは小事業から始め、ゆくゆくは大事業へと成長させていけばいい。

さらに、ソーシャル・ビジネスによって、商品やサービスの選択肢が増えるため、市場の競争や選択の自由が高まる。従来の利潤最大化企業に加えてソーシャル・ビジネスが繁栄すれば、消費者にとっては選択肢が広がることになる。それだけでなく、労働者や管理者にとっても職業選択の幅が広がる。ソーシャル・ビジネスでは、数千・数百万の人々によるボトムアップ型の成長や実験が重視されている。人々は、個人的目標や社会的目標を実現するために、どのような種類の組織を設立してもかまわないのだ。

ソーシャル・ビジネスでは、社会問題を解決する責任は政府と市民で分担するべきだという考え方をとっている。さらに、個人には政府にない能力があると考えている。知恵、才能、創造力の豊かな個人は、政府にはできない革新をもたらすことができる。しかも、誰も経済的なしわ寄せを受けることはない。政府の場合、社会問題の解決に税金が投入されるため、予算によって活動の幅が制限されてしまう。一方、ソーシャル・ビジネスの場合、さまざまな資金源から投資を募ることで、果てしなく拡大しつづけることができるのだ。

理論上、政府は全国民の代表であり、国民を苦しめている社会問題を解決する主な責任を負わなければならない。一部の富裕国では、多かれ少なかれそれが実現している。しかし、実際には、多くの政府が利益団体、利己的な政党、腐敗した個人のいいなりになっている。だからこそソーシャル・ビジネスが必要なのだ。政府が世界の重大問題を解決できているなら、ソーシャル・ビジネスなど不要だろう。しかし、貧困国でも富裕国でも、社会問題は人類をむしばんでいる。福祉依存、失業、犯罪、住宅や医療の不足、環境破壊、肥満、慢性病。数え上げればきりがない。

もちろん、私たちソーシャル・ビジネスの推進者は、こういった問題を解決する特効薬を持っているわけではないし、そう主張するつもりもない。しかし、ひとつ確かなのは、政府の活動だけでは不十分だということ、そして新たなアプローチが必要ということだ。多くの分野で、ソーシャル・ビジネスは政府の愚策に代わる有望な代替策になるだろう。

あなたの街や国にも、期待はずれな結果に終わった公共政策があるはずだ。公立学校、病院制度、公共交通、上下水道・衛生サービス、エネルギー、空港や港、高速道路網などさまざまなものがあるだろう。今のところ、政府運営に代わる唯一の代替策は「民営化」だ。民営化といっても、多くの場合は政府とコネを持つ人々に公共の財産を譲り渡すことにほかならない。そして、そういった人々はやがてそこから個人的な利益をむさぼるようになるのだ。

それならば、人々のニーズを満たすという明確な目的を定めて、政府の業務の一部を実験的にソーシャル・ビジネスに移管してみてはどうだろう。そうすれば、企業の持つ創造力やエネルギーを利用しながら、政府の認める社会的目標を追求し、企業も政府も生み出せなかった共通の利益をもたらすことができるかもしれない。

新しい資本主義の形としてのソーシャル・ビジネス

これまでは、ソーシャル・ビジネスと従来の利潤最大化企業の違いについて述べてきた。しかし、その共通点も同じくらい重要だ。

私たちがバングラデシュで設立した最初のソーシャル・ビジネスをいくつか見てみよう。「グラミン・ダノン」は、一般のヨーグルト会社とほとんど味も形も変わらないヨーグルトを製造、販売、流通させている会社だ。また、「グラミン・ヴェオリア・ウォーター」は、世界中の会社が管理している水道システムと同じように、地表水の汚染物質を処理し、パイプで各所に届けている。そういう点では、ふたつのソーシャル・ビジネスは一般企業とほとんど変わらない。

もちろん、二社にはユニークな側面もある。グラミン・ダノンの製造するヨーグルトには栄養素が添加されている。したがって、子どもたちにヨーグルトを美味しく食べてもらうには、なんとかしてビタミンやミネラルの味を隠さなければならない。つまり、社会的ニーズを満たすには、レシピの工夫が欠かせない。健康問題の解決にビジネスの創造力が必要というわけだ。

一方のグラミン・ヴェオリア・ウォーターは、農村部の村人を説得するという問題と格闘している。今まで無料《ただ》で手に入れていた飲み水に家計の一部を当ててもらうには、村人への説得が必要だ。ここでも、健康問題の解決に巧妙なビジネスの解決策——マーケティングの解決策——が必要になる。

この二社が抱える課題については、このあとの章で詳しく説明するが、すでに二社の共通パターンに気づいていることだろう。ソーシャル・ビジネスは、従来型のビジネスと同じ資本主義制度の中で運営される。利潤最大化企業と同じように、コストを回収して事業の拡大資金を捻出するには、商品の巧妙な販売方法を見つけなければならない。市場の問題に効果的に対応し、貧しい人々でも買える価格を設定しなければならない。できれば、収益を向上させるために、裕福な人々には高めの価格を負担してもらう必要もあるだろう。ソーシャル・ビジネスも一般企業と同じように、成長することもあれば縮小することもあるし、資金繰り、人材雇用、経営、事業拡大といったさまざまな面で問題に直面することもある。

つまり、ソーシャル・ビジネスは営利企業と同じ市場シグナル、圧力、問題に対処しなければならないということだ。しかし、ソーシャル・ビジネスにはひとつ利点がある。企業の将来が株価に左右されないため、市場の変動に伴う下振れリスクが少ないのだ。ソーシャル・ビジネスの投資家は個人的利益を求めているわけではない。したがって、ほんの数日や数週間、業績が悪くても、持ち株を放棄せずに忍耐強く成果を待ってくれる可能性が高い。そのため、ソーシャル・ビジネスでは長期的で堅実な目標の実現計画を立てやすいのだ。

何より、ソーシャル・ビジネスは起業家精神を発揮する新たな方法でもある。

起業家とは、リスクをいとわず自らのビジネス・アイデアを実行に移す野心的な人々だ。困難に挑み、大胆な実験を行ない、長時間働き、個人的な失敗や失望にもくじけない心構えを持っている。プロジェクトが成功し、期待した成果が出るまではあきらめない。それは、求めているのが金銭的報酬（利潤最大化企業）でも社会的利益（ソーシャル・ビジネス）でも変わらない。

私は、ソーシャル・ビジネスに求められる起業家精神は、営利企業に求められる起業家精神とそれほど変わらないと感じている。ビジネス経験をソーシャル・ビジネスに応用する方法さえ心得ていれば、従来型のビジネスの世界での経験はきっと役立つはずだ。MBAなどの経営学の学位も、学んだ内容をソーシャル・ビジネスの成功に結びつける方法さえわかっていれば、役に立つだろう。しかし、その方法がわからなければ、従来の経営の知識はかえって邪魔になるかもしれない。望むべくは、「ソーシャルMBA」という学位を与える新たな教育制度が確立されることだ。私は近い将来、それが実現するのではないかと思っている。さらに重要なのは、真の起業家になる資質があるかどうかだ。ソーシャル・ビジネスで成功するためには、実践的なビジネス・センス、懸命に働く意欲、チームを築く能力、協力者の人脈を作る能力、行動の成果を測る能力、ミスを認めてやり直す素直さが必要だ。従来型のビジネスで幅広い経験や知識があっても、一からやり直す覚悟が必要だ。ソーシャル・ビジネスの世界では、計算の目的ががらりと変わってくる。コストを削減する必要があっても、貧しい従業員の給料や利益を削ってはならない。顧客のセグメンテーションを効果的に行なう必要があっても、市場の支配力を利用して一部の人々から富を絞り上げ、別の人々を豊かにしてはならない。商品やサービスをできるだけ低価格で販売する必要があっても、品質を落として顧客にとっての価値を損なってはならない。従来型のビジネスで培ったビジネス・スキルはすべて肥やしにはなるだろうが、追い求める目標や価値観はまるきり異なる。

起業家精神は人間性の重要な一部だ。そして、ソーシャル・ビジネスは起業家精神を発揮する刺激的で新しい方法を提供する。ソーシャル・ビジネスは、利益のみを一方的に追求する従来型のビジネスに居心地の悪さを感じている人々だけでなく、利益追求の世界に満足している人々にとっても活躍できる場なのだ。ソーシャル・ビジネスは誰も仲間はずれにはしない。投資家、経営者、クリエイティブ・アドバイザー、プロモーター、マーケッター、マネジャー、メーカー、生産者、サービス担当者など、誰もが自分に最適な役割を見出すことができる。大切なのは何より参加すること。そして、世界に好影響を与える自分なりの方法を探すことだ。

ソーシャル・ビジネスのメリット

これまでの説明を読んで、「ソーシャル・ビジネスは私個人にとってどんな意味があるのか？」と思いはじめているかもしれない。そう考えていることを願っている。なぜなら、本書の目的のひとつは、ソーシャル・ビジネスが私たち自身の人生体験を豊かにするすばらしい手段になりうると証明することだからだ。

ソーシャル・ビジネスを設立・開始する動機は単純だ。私たちの誰もが持っている理想や希望がそのきっかけになるのだ。

もしあなたが、「私は現状が気に入らない。これほど大勢の人々が飢餓、貧困、病気、教育不足、失業に悩む世界に暮らすのはいたたまれない。こんな不幸は断ち切るべきだ」と考えたことがあるなら、ソーシャル・ビジネスはあなたの天職になるかもしれない。

また、ソーシャル・ビジネスは、みなが内に秘めている創造力のはけ口にもなる。「創造力」といっても、何か壮大なものである必要はない。地域の問題に目を留め、「こうやって問題を解決しようと思った人はいるのだろうか」と考え、それを実行に移すだけでよい。地域の小さな解決策が、世界規模の解決策の種になることだってありうるのだ。

しかし、このような小さな創造力さえ必須条件ではない。種を作れないなら、落ちている種を拾って別の場所に蒔けばいい。ソーシャル・ビジネスの選択肢はさまざまだ。私が気に入っているのはまさにその点なのだ。

さらに、ソーシャル・ビジネスは人々に生まれ変わるチャンスも与える。変わりたいと夢見ながら、それを実現できずに悶々《もんもん》と過ごしている人は多い。多くの人々が〝安定〟した生活に閉じ込められ、働いては消費するという単調な毎日から抜け出せずにいる。しかし、心の中では、別の人生を歩み、この地球に足跡《そくせき》を残し、自分自身に秘められた無限の才能を発揮したいと願っているはずだ。そういう人たちにとって、ソーシャル・ビジネスは自分の存在を形作る新しい手段になる。人生をやり直すチャンスが得られるだけでなく、住みよい地球づくりに貢献することまでできるのだ。

私が思うに、ソーシャル・ビジネスは壮大な学習プロセスだ。ひとたびソーシャル・ビジネスの世界に飛び込めば、今までにない行動や思考をしていることにたちまち気づく。新たな問題が起こるたびに、さびついていた頭や心の筋肉を使わざるをえなくなる。すると、とっくに忘れかけていた過去の体験が急に重要で役立つものに感じられてくる。そして、まったく未知の新世界を探検することになる。「ソーシャル・ビジネスのメガネ」をかければ、今まで見えなかったものが見えてくる。そして、利益にとらわれたロボットではなく多次元的な人間へと少しずつ近づいていくだろう。

ソーシャル・ビジネスは楽しくて刺激的だ。多くの人々にとって、ソーシャル・ビジネスに取り組む際に大きなハードルとなるのは心理的な問題だ。無気力、悲観、絶望に陥りやすいからだ。

ソーシャル・ビジネスであれなんであれ、世界を変えようとしても無駄だと主張する人は多い。「世界はいつだって同じだし、人間の本質は変えられない」と。

これは大間違いだ。今日の世界は私たちの先祖が生きた世界とは違う。疫病の大流行はもうない。奴隷制度もない。帝国もない。アパルトヘイトもない。女性に投票権があり、かつての閉鎖社会には自由市場が広がり、世界中の人々が人権を求めている。アメリカでは黒人の大統領さえ誕生した。世界は変わる。そして、変えるのはほかでもない私たちなのだ。

人間性に関しては、私は基本的に性善説を唱えている。暴力や利己主義がある一方で、宗教、よき政治、福祉、芸術、文化、慈善活動が歴史を通じて栄えつづけてきたのがその証拠だ。正義や慈悲の芽は、常に小さな隙間から懸命に顔を出そうとしている。その芽を育てて養えば、この地球を誰もが住みたいと思う庭に変えることができるはずだ。

ようやく日の目を見はじめたアイデア

今、私たちはワクワクするような時代に生きている。私たちは、ソーシャル・ビジネスを通じて世界に驚くべき良い変化をもたらす絶好の時代を迎えているのだ。

私は先ほど、従来の資本主義理論の弱さを露呈させた二〇〇八年の世界的な経済危機について述べた。しかし、危機は改革のチャンスでもある。今日の危機は、経済理論を立て直し、多次元的な人間像を組み込むチャンスともいえる。

さらに、現代の危機（より厳密にいえば、経済、環境、農業、エネルギー、健康、社会の複合的な危機）は、新しい解決策を大胆に試すチャンスともいえる。ソーシャル・ビジネスは、過去の手段と比べて世界を変えられる大きな可能性を秘めている。なぜなら、ソーシャル・ビジネスの考え方は強力でありながらも、柔軟で融通が利くからだ。ソーシャル・ビジネスは誰にも何も強制しない。選択の自由を狭めるどころか広げる。資本主義制度にもうまく収まり、市場に無数の新規顧客をもたらす可能性を秘めている。既存のビジネス構造を脅かすどころか、活性化させる方法を提案している。

また、ソーシャル・ビジネスがあれば、政府は社会変革の責任を市民社会と分担することができる。さらに、ソーシャル・ビジネスなら、特定の社会活動を国家全体のために行なうことができるので、政治的な分裂を生み出したり広げたりせずにすむ。そうすれば、政府はソーシャル・ビジネスを多方面にいくらでも発展させることができるし、人々は政治的な危機を生み出すことなく好きな活動に従事できる。ソーシャル・ビジネスの考案、設計、設立は個人の責任となり、自由市場がソーシャル・ビジネスの成功と失敗を決めることになる。ソーシャル・ビジネスのアイデアは試行錯誤を繰り返しながらゆっくりと発展していくこともあるだろうし、すばやく成功することもあるだろう。しばらく息をひそめながら、社会に利益をもたらす絶好のタイミングを待つこともあるだろう。ソーシャル・ビジネスは、人生と同じように、無限の変化、発展、成長の可能性を秘めているのだ。

どのような概念でもそうだが、ソーシャル・ビジネスの概念も乱用・悪用される危険性はある。ソーシャル・ビジネスの考え方を歪め、自己利益に利用する人々も現われるだろう。たとえば、実際には高利貸しにすぎないのに、「マイクロクレジット」という言葉を隠れ蓑《みの》にしている悪徳企業もある。したがって、善意の人々は、ソーシャル・ビジネスの名をかたる人々を警戒しなければならないだろう。

しかし、これは基本的な概念には常につきまとう問題だ。ソーシャル・ビジネスの最終的な結末を決めるのは、ソーシャル・ビジネスが人々の琴線に触れたかどうかなのだ。ソーシャル・ビジネスが住みよい世界を願う人々の夢の一部になれば、もう誰にも止められない。どんな逆境に遭っても、ソーシャル・ビジネスは繁栄しつづけるに違いない。

やがて、ソーシャル・ビジネスが資本主義制度の一部として受け入れられるだけでなく、その独創的で理想主義的なアプローチが広く認められる日が来るかもしれない。夏休みに新聞配達やレモネード売りでお小遣いを稼ぐよう子どもたちに言いつけていた親たちが、植樹、捨てられたペットの世話、近所の高齢者のお遣いなど、小さなソーシャル・ビジネスで地域の問題を解決するよう子どもたちに促す日が来るかもしれない。今ではスター発掘が主流のリアリティ番組が、参加者に斬新なソーシャル・ビジネスのアイデアを競わせ、最優秀アイデアに高額の投資をして、国中や世界中にアイデアを広めるなんてこともあるかもしれない。

個人的に、私はソーシャル・ビジネスが世界経済に果たす役割は無限だと考えている。数年後には、ソーシャル・ビジネスがビジネス界に欠かせない一部になっているかもしれない。理論的には、経済全体をソーシャル・ビジネスで構成することも可能だ。そうなるとしたら、それは強制ではなく人々の自由選択の結果だろう。ソーシャル・ビジネスの最終的な役割は、人々が何を望むのかによって変わる。個人、社会、世界にとって、ソーシャル・ビジネスと営利企業の最適な比率はあるのだろうか？　ソーシャル・ビジネスは、すべての人が尊厳、自由、平和の保証された生活を送れる完璧な世界を、どの程度まで実現できるのだろうか？

私たちの子や孫の世代に、この疑問の答えを明らかにする興味深い実験が行なわれることになるだろう。そして、本書の残りを読めばわかるように、その実験はもう始まっている。

第二章　産みの苦しみ――グラミン・ダノンの事例から学ぶ「適応」と「変化」の教訓

前作『貧困のない世界を創る』で、意図的に設立された世界初のソーシャル・ビジネス「グラミン・ダノン」のエピソードを紹介した。前作を書き終えた二〇〇七年初頭には、バングラデシュのボグラという街でグラミン・ダノンのヨーグルト工場がちょうど稼働を始めるところだった。バングラデシュの子どもたちに不足している栄養素が詰まった最初のショクティ・ドイ・ヨーグルトが生産され、私たちが現地で雇ったグラミン・レディが知り合いや隣人に販売を始めようとしていた。

私たちは、ソーシャル・ビジネスが持続可能であり、顧客、販売店、地域住民に大きなメリットをもたらすことを示す画期的な取り組みに胸を躍らせていた。グラミン・ダノンの計画では、最初のヨーグルト工場の成功を弾みにして、工場をバングラデシュ全土に展開させる予定だった。近いうちに最大で五〇の小工場のネットワークを築き、バングラデシュの子どもに栄養豊富なヨーグルトを届けるつもりだった。

しかし、人生と同じで、なかなか思うようにはいかないものだ。

この三年間で、グラミン・ダノンは貴重な体験をした。ビジネスの開始から一年間、グラミン・ダノンは順調に成長を続けていた。しかし、誰も予想していなかった経済的要因が引き金となり、ビジネスは失速した。グラミン・ダノンは、販売・流通システムの見直し、ビジネス・モデルの再設計、ヨーグルトのレシピの変更、新規顧客の開拓、さまざまな顧客層に向けた新商品の開発を迫られた。

それが功を奏し、二〇一〇年には再び急激な成長軌道に乗った。私たちはこの成長が長期的に持続すると考えている。二月には、月一〇〇トンという節目の生産量を上回ったことで、運営費をカバーし、固定費を回収する利益を生み出せる水準まで近づいた。私たちは、設備をいくつか追加し、ボグラ工場の生産能力を月二〇〇トンに拡張する予定だ。また、二〇一〇年一一月にはダッカ近郊の第二工場で生産を開始すべく、全力で取り組んでいる。二〇一〇年はグラミン・ダノンにとって記念すべき年になるだろう。

しかし、ひとつだけ確かなことがある。この三年間で、私たちは持続可能なソーシャル・ビジネスを構築する際のさまざまな課題について学んだ。中には、一般企業の多くが経験する問題もあるし、ソーシャル・ビジネス・モデルに特有の問題もある。そして、どの問題も将来の私たちやこれからソーシャル・ビジネスを設立する人々に貴重な教訓を残してくれた。私が本書でグラミン・ダノンのエピソードを紹介しようと考えたのはそのためだ。

ソーシャル・ビジネスの誕生

グラミン・ダノン誕生のきっかけは、私がダノンの会長兼CEOのフランク・リブーと交わしたある会話だった。パリでの昼食の席上で、私はリブーに「バングラデシュでグラミン・ダノンというソーシャル・ビジネスを設立しませんか?」と持ちかけた。彼はそのアイデアの響きを気に入ったようだった。しかし、彼はソーシャル・ビジネスの意味を知りたがっていた。私が「利潤の追求ではなく、社会的利益の追求を目的とした持続可能なビジネスです」と説明すると、リブーは興味を持ったようだった。それどころか、彼は「やりましょう」と言ってすぐさま署名に応じた。この簡単なやり取りから、グラミン・ダノンが誕生したのだ。

グラミンとダノンの優秀な幹部たちが、一年以上をかけてソーシャル・ビジネスの計画を練った。ダノンは栄養に関する専門知識を持っていたので、自然と栄養に重点を置くことが決まった。バングラデシュの貧しい人々にとって、栄養をめぐる状況は間違いなく深刻だ。バングラデシュの子どもの半数が栄養不足に苦しんでおり、農村部では特にひどかった。主に栄養不足が原因で起こる下痢は、西洋諸国のような単なる「悩み」ではすまされない問題だった。死につながることも多かったのだ。

もっとも不足しがちだったのは、鉄分（子どもの四九パーセントが鉄分不足）、ビタミンA、B2、C、カルシウム、ヨウ素、亜鉛といった栄養素だった。これらの栄養素が不足すると、免疫系の機能不全から視力障害まで、さまざまな問題が引き起こされる。そして、当然ながら、栄養不足の子どもは教養、体力、生産性の豊かな大人に成長しづらいので、長い目で見れば経済発展の妨げにもなる。

議論を重ねた結果、ヨーグルト・ビジネスの合弁事業が最善策だという結論に至った。ヨーグルトはダノンが世界的に名を馳《は》せている商品というだけでなく、バングラデシュの人々にとって伝統的なおやつでもあり、特に子どもに人気が高い。さらに、ヨーグルトはカルシウムやタンパク質が豊富に含まれた天然乳製品でもある。いずれも、バングラデシュの若者の多くに不足している必須栄養素だ。ビタミンなどの栄養素が豊富で、子どもにとって食べやすく、貧しい人々でも買えるヨーグルト・ブランドを作ることができれば、バングラデシュの家庭に多大な利益をもたらすことができると私たちは考えた。病気の発生率を抑え、子どもの体力水準を引き上げ、学校に通う子どもの割合を向上させることができると考えたのだ。

もちろん、これは計画の概略にすぎなかった。その後、私たちは完璧な事業計画を立てるのがいかに難しいかを思い知った。ダノンの現共同CEOで、当時はアジア太平洋地域担当上級副社長を務めていたエマニュエル・ファベールが、栄養学者、ビジネス・プランナー、生産のスペシャリストなどからなる専門家チームを引き連れ、私たちのもとにやってきた。そして、二〇〇六年いっぱいをかけて、バングラデシュで私たちと協同作業に当たった。グラミンの医療分野のソーシャル・ビジネス「グラミン・カルヤン」からは、私の親友のイマムス・スルタンが参加し、ファベールと密接に協力した。スルタンはバングラデシュの貧しい人々のニーズを熟知しており、数々のグラミン・プロジェクトで私と協力してきた人物だ。

その結果、いくつかの重要な意思決定が行なわれた。まず、ダノンのような世界的企業が通常建設している大規模な工場ではなく、小規模なヨーグルト工場を建設することが決まった。これには何点かメリットがある。先行投資を抑えることで、ダノンの投資リスクを軽減することができる。販売地域を狭い範囲に限定することで、保冷トラックや倉庫など、高額な設備投資が不要になる。さらに、小さな工場では数十～数百人ではなく数人の労働者で事足りるので、人事の問題が複雑にならずにすむ。

もっとも重要なメリットは、小さな工場なら地域社会や地域経済に溶け込めるということだ。牛乳をはじめとした原材料を現地の業者から仕入れることができるし、地元の消費者を主な顧客にすることができる。そうすれば、周辺の人々がグラミン・ダノン工場を〝みんなの工場〟ととらえ、ビジネスを支援してくれるのではないかと考えた。

グラミンとダノンのチームは協力し、バングラデシュの首都ダッカから北西二二〇キロ余りにある都市、ボグラの近郊に最初の工場を建設することを決めた。ダノンはアジア太平洋地域の産業ディレクターであるギュイ・ガヴェルを派遣し、工場の設計と建築の監督を任せた。ガヴェルは、中国からブラジルまで、世界中のダノン施設の建設にかかわってきたが、小規模な工場に携わった経験はなかった。それでも、彼はその難題を引き受け、実験精神を活かしてプロジェクトに挑んだ。

二〇〇六年七月一四日に起工式が執り行なわれると、ガヴェルをはじめとする建設作業員やエンジニアのチームは半年足らずで工場を完成させた。規模は約七〇〇平米と小さいながらも、効率性は高く、環境に優しい設計だった。環境への負荷を最小限に抑えるため、工場には水処理装置、リサイクル装置、自然の排泄物をエネルギーに変えるバイオガス装置、ソーラー・パネルが設けられた。

出来映えに満足したガヴェルは、新工場を「かわいい《キュート》」と表現した。彼はバングラデシュ人の従業員たちに工場の運営方法を訓練し、製造、安全性、成分の純度に関するダノンの高い世界基準を教えた。その目的は、外部の監督がなくてもボグラ工場を運営できるようにすることだった。ガヴェルはプロジェクトを完了したら次の国際業務に移らなくてはならないからだ。

工場の建設中には、ほかにも重要な意思決定が行なわれた。栄養学者、食糧生産の専門家、マーケティングのスペシャリストが現地のバングラデシュ人と密接に協力し、ヨーグルトのさまざまなレシピを検証した。その結果、甘味料にヤシの木の糖蜜《とうみつ》（バングラデシュ製）を使ったレシピが考案された。このレシピには、ビタミンA、鉄、カルシウム、亜鉛、ヨウ素など、バングラデシュの子どもの健康に欠かせない微量栄養素が含まれていた。実際に、ヨーグルト一カップで、子どもの一日の必要量の三〇パーセントを摂取することができた。ボグラ周辺の子どもたちはヨーグルトのサンプルをうれしそうに試食し、もっとほしいとせがんだ。

現地の原材料の供給ネットワークも計画された。バングラデシュの牛乳市場の九〇パーセントは〝闇〟で運営されている。つまり、農家の人々は牛乳をカートに乗せて地元の市場まで運んだり、知り合い、家族、隣人に売ったりしているということだ。

この〝時代遅れ〟の牛乳市場が足かせになり、原材料を安定して仕入れられない可能性があった。そこで、バングラデシュの地域経済に深く根づいたグラミン組織の出番となった。グラミン・ダノンは、二〇〇〇年にグラミン銀行の支援で設立された「グラミン・モーショー・オー・パシューサムパッド財団」（漁業・畜産財団）に目をつけた。これは、マイクロクレジット、家畜の保険、獣医医療、農業研修といったサービスを受ける地元の農業者のネットワークだ。グラミン・ダノンはこの財団と接触することで、安定した牛乳の供給源を手に入れることができた。

また、新商品を発売する際には当然のことだが、グラミン・ダノンはマーケティングや販売についても慎重に検討する必要があった。そこで、会社は「ショクティ・ドイ」という商品名を考案した。これはベンガル語で「体力のつくヨーグルト」という意味だ。地元の子どもたちのアンケートの結果、商品のマスコット・キャラクターにはライオンが選ばれた。力こぶを作る優しいライオンのイラストがアーティストによってデザインされ、グラミン・ダノンの容器のふたを飾った。このキャラクターはすぐに地元の子どもの人気者になった。

ヨーグルトの価格は、八〇グラム入りで五タカに設定された。これはアメリカの通貨で約七セントに相当する。一方、それまでボグラの店で売られていた現地のヨーグルトは、一カップ当たり三〇セントもした。西洋から見ればたいした額ではないが、バングラデシュの農村部の家庭にとってはかなり高額だ。もちろん、私たちの目標は栄養豊富なヨーグルトをできるだけ多くの貧しい人々に届けることだった。

二〇〇七年二月、ショクティ・ドイの最初の販売パッケージがボグラの生産ラインから出荷された。グラミン・ダノン・チームの人々にとって希望に満ちた歓喜の瞬間だった。

しかし、事態は思わぬ方向へと展開していく。

出足でつまずいたときは……

ボグラ工場の稼働開始から数カ月、すべては順調に思われた。設備は問題なく機能し、ヨーグルトはなめらかで美味しく、試食した人々のほとんどに気に入ってもらえた。しかし、売上は芳しくなかった。グラミン・ダノンは二〇〇七年の春から夏にかけて、不調の原因を探った。

グラミン・ダノンは、ショクティ・ドイの流通と販売に〝二本足〟の手法を取り入れていた。一本目の足は、ボグラ内外にある数々の小売店だ。ボグラは一〇万以上の人口を抱える大都市で、周囲の街（ボグラの三〇キロ圏内）も含めればさらに数十万の人口がある。しかし、ショクティ・ドイを販売できる売店は三〇〇〜四〇〇店舗と少なかった。その理由は、ヨーグルトには冷蔵が必須だったからだ。バングラデシュの地方都市では、ボグラのような街でさえ、安定した電力サービスが供給されていない。しかし、グラミン・ダノンが店舗のオーナーに懸命に商品を売り込んだ結果、数カ月後にはボグラ近郊の小売店で広く手に入るようになった。

グラミン・ダノンの販売活動の二本目の足は「グラミン・レディ」だ。グラミン・レディとは、グラミン銀行から借りたお金で小さな事業を開始し、家族を養っている女性起業家たちだ。グラミン・レディが営む事業は、小さな菜園の世話、家禽《かきん》や家畜の世話、かご作り、衣服の販売や製作などさまざまだ。先ほども紹介したように、中にはグラミンのローンを利用して携帯電話を購入し、電話を持たない近所の人々に通話ベースで課金する電話サービスを営んでいる「テレフォン・レディ」もいる。

グラミン・ダノンの設立当初、私たちはグラミン・レディがヨーグルトの販売ネットワークの要《かなめ》になると考えていた。そこで、グラミン・ダノンはボグラ周辺でグラミン銀行の借り手を何人か雇って、ショクティ・ドイの利点について研修を行ない、ヨーグルト容器を入れて家々を回るための断熱バッグを配付した。グラミン・ダノンは、手数料として一カップ売り上げるたびに〇・五タカを支払う予定だった。腕の立つ販売員なら、ヨーグルトの販売で月に数百タカくらいは稼げる。バングラデシュの農村部に住む家族にとっては、大きな副収入だ。

しかし、二〇〇七年初頭、グラミン・レディの売上は思わしくなく、働き手は思うように集まらなかった。女性がプログラムに参加しても、数日間ヨーグルトを販売しただけで、説明もなくやめることもあった。その結果、ヨーグルトを持って家々を回る販売員は三〇名も集まらなかった。

これでは、ボグラの売店と販売員ネットワークを合わせても、ショクティ・ドイの売上は一日三〇〇〇個くらいにしかならない。この売上では私たちの努力の結晶であるボグラ工場を維持することはできない。本来の目的である栄養不足の解消など遠い話だ。しかし、二〇〇七年夏の終わりにかけて、スタート地点で足踏みしていたグラミン・ダノンを突き動かすふたつの出来事が起きた。

まず、グラミン・ダノンは実態を理解するため、グラミンのスタッフやＮＧＯと話し合った。相談に乗った地元の専門家は、「問題は経営にある」とアドバイスした。彼らの説明はこうだ。

うまくやっている部分もある。女性を選び、ヨーグルトについて研修し、訪問販売させるというのはいいでしょう。しかし、販売技術をきちんと教えていない。それから、女性の住む地域全体を取り込もうとしていない。バングラデシュでは、女性はひとりで働いて生活する孤立した存在ではありません。家庭の一部なのです。女性とよいパートナーシップを結びたいと思ったら、女性の家族も理解しておかなくてはなりません。特に夫を。

これは訪問販売では特に重要です。バングラデシュの農村部の風習では、女性は家に近い存在です。ですから、男性の支援なしに家庭を飛び出すのは難しいのです。グラミン銀行から融資を受けている女性の大半は、食物の栽培、織物、かご作りなど、自宅でビジネスを営んでいます。しかし、販売訪問となれば話は別です。夫の了承がなければ、妻はそんな仕事を続けてはいけないのです。

この助言はグラミン・ダノン・チームにとっては目から鱗《うろこ》だった。村の女性を取り込むのを妨げていたのは文化的な障壁だったのだ。そして、目に見えないだけに、より大きな障壁となっていた。二〇〇七年夏に訪れたもうひとつの転機は、グラミン・ダノンがフルタイムの最高経営責任者を雇ったことだった。地域の文化を熟知した地元の人物を責任者に選んだことで、グラミン・ダノンは村人たちに理解・支援される会社へと大きく近づいた。

新しい経営者のもと、販売員の雇用、人選、研修のプロセスが一新された。グラミン・ダノンは、女性の家族（特に夫）を取り込み、女性販売員が地域の支援を得られるよう努力した。その結果、女性販売員の数は二〇〇七年九月のわずか二九名から翌年三月の二七〇名へと順調に増えていった。

さらに、ヨーグルトのレシピにも微調整を加えた。グラミン・ダノンのヨーグルトには甘さが足りないという不満が寄せられていた。そこで、糖蜜の味を少し増やした（それでも、ボグラの町で売られている従来のヨーグルトほどは甘くなかったが）。

その影響はすぐに表われはじめた。売上は七カ月間も低迷が続いていたが、二〇〇七年一〇月になると、グラミン・ダノンの短い歴史の中で最大の売上増を達成した。一一月はさらに好調で、一二月はさらに売上が伸びた。実際、二〇〇七年一〇月から二〇〇八年三月まで、六カ月連続で売上が増加した。ヨーグルトの月間売上はこの間に大きく伸びた。

この売上増の大部分は、地方の販売ネットワークの成長によるものだった。プロジェクトの開始当初から抱いていたグラミン・レディによる販売モデルが、ようやく形になりつつあった。さらに喜ばしいことに、二〇〇七年冬にグラミン・ダノンが行なった調査によると、販売ネットワークがほぼ普及した村々では、四〇～五〇パーセントの子どもがショクティ・ドイを食べていた。この売上増加によって、グラミン・ダノンは楽観主義に包まれた。バングラデシュの子どもの栄養不足を解消するという当初の目標がたちまち現実味を帯びてきた。

しかし、グラミン・ダノンの販売・マーケティング活動が軌道に乗りはじめたころ、世界的な事件がグラミン・ダノンの経営に深刻な影響を与えることになる。

世界危機への対応

二〇〇六年ごろに始まった世界的な食糧危機は、着実に深刻化しはじめていた。その原因は何点かあった。

●季節外れの旱魃《かんばつ》により、オーストラリアやアメリカといった主要な小麦の輸出国で穀物生産が減ったこと。

●インドや中国などの発展途上国で総人口や富裕層が増え、基本的な食糧の需要だけでなく、穀物などを飼料にして生産される高価な肉製品の需要が高まったこと。

●原油や石油製品の価格が上昇し、農産物の輸送コストや石油系化学肥料の価格が上がったこと。

●特にアメリカで小麦やトウモロコシを利用したエタノール燃料が普及し、これらの食糧が人為的理由で不足したこと。

過去二〇年間の自由貿易政策の広がりによって、世界は事実上ひとつの農産物市場となった。つまるところ、ある市場で物価が変動すると、すべての国に影響が及ぶということだ。したがって、二〇〇六〜二〇〇七年にかけて先進国で穀物などの食糧価格が上昇した結果、バングラデシュなどの発展途上国でも価格が跳ね上がったのだ。

多くのアメリカ人にとっては、食糧価格の上昇は単なる不便でしかない。しかし、発展途上の貧困国の人々にとっては、死活問題になることも多い。二〇〇七年には、世界中で飢餓に苦しむ人の数が急増した。新聞の大見出しやケーブル・テレビのニュースで報道されたメキシコ、カメルーン、セネガル、パキスタンの「食糧暴動」が、問題の深刻さを表わしている。

バングラデシュでは、モンスーン期（六月～一〇月）に二年連続で例年を超える洪水が発生し、問題に追い討ちをかけた。この季節的な降雨は、本来ならバングラデシュの広大な農地を肥沃にする天からの恵みなのだが、あまりに度が過ぎると農場や村は流され、多くの被災者、難民、死者を生み出す。地球温暖化やそれによる海面上昇が進行すれば、こういった問題はますます深刻化していくだろう。

これらの出来事が重なり、グラミン・ダノンのビジネス・モデルに大きな難問を投げかけた。米や肉の価格だけでなく、ヨーグルトの最重要成分である牛乳の価格も二倍になった。原材料費の高騰により、当初の価格で生まれていたささやかな利益が完全になくなってしまった。実際、当時の最高売上を達成した二〇〇八年三月には、ヨーグルトが売れるたびに赤字が膨らんでいたのだ。どう見ても持続可能なビジネス・モデルとはいえなかった。

しかし、この難問にどう対処すればいいのか？　それは明らかではなかった。グラミン・ダノンの取締役会は、二カ月以上にわたって問題と格闘した。

取締役会の意見は真っ二つに分かれた。一方のグループは、コストの上昇を埋め合わせるため、ヨーグルトの値上げを行なうべきだと主張した。グラミン・ダノンはソーシャル・ビジネスであって慈善事業ではない。もちろん、貧しい人々に手頃な価格で栄養面の利益を届けるのは重要だ。しかし、毎月赤字が膨らんでいる現状では、とうていビジネスを持続できない。グラミン・ダノンが膨らむ赤字によってビジネスを打ち切ることになれば、貧しい人々は二度と恩恵を受けられなくなる。したがって、不合理で持続不可能な低価格を維持することは、長期的に見れば貧しい人々のためにならないという主張だ。

もう一方のグループは、始まったばかりの事業を成長させるためには、八〇グラム入りで五タカという価格を維持するのが必須だと主張した。「発展途上にある商品の価格を変更するのは致命的な誤りだ。ヨーグルトの値上げを行なうのではなく、経費削減の方法を考え出すべきだ。そうしなければ、顧客を永久に失うことになるかもしれない」

フランスとバングラデシュの間では数週間にわたって白熱した議論が行なわれた。どちらの主張もごくもっともだった。私はヨーグルトの値上げ派だった。

私は、設立一日目から持続可能な経営を行なうのがソーシャル・ビジネスの使命だと思っている。したがって、設立直後だからといって、非現実的な価格、手順、ビジネス手法に従うのは間違っている。

それは自ら災難を招く結果になる。顧客、業者、従業員は、機能しない経済構造に慣れきってしまうだろう。すると、方向転換の必要な時期がやってきたとき（おそらくやってくるはずだ）、善意を持った人々すべてを遠ざけるリスクを負うことになる。

したがって、私は経費を回収できる水準までショクティ・ドイを値上げするべきだと主張した。結局、この案が採用された。二〇〇八年四月、グラミン・ダノンは八〇グラム入りの価格を五タカから八タカに値上げした。

それと同時に、もうひとつの提案が否決された。それは女性販売員の報酬制度を変えるというものだ。取締役たちは、歩合制で支払う代わりに、売上にかかわらず固定給を支払うべきではないかと提案した。それなら、値上げでヨーグルトの売上が激減しても、女性たちは路頭に迷わずにすむ。このアイデアは、人道的な観点だけでなく、売上が減少しても販売員のネットワークを維持するという考え方から提案されたものだった。

グラミン・ダノンの取締役会がこの計画を否決したのは、値上げを決定したのと同じ理由からだった。取締役会はグラミン・ダノンを持続可能なビジネスとして運営したいと考えていた。売上に見合わぬ給与を支払えば、企業はある種の慈善団体のようになってしまう。取締役会は、一回目の危機でむざむざとソーシャル・ビジネス・モデルを放棄するのは避けたかった。

そこで、グラミン・ダノンは値上げに踏み切った。しかし、その結果はさんざんだった。

まず、売上が激減した。グラミン・ダノンは農村部での売上の八〇パーセント近くを失った。それも無理からぬことだ。世界的な経済危機のあおりを受けた顧客たちは、六割も値上がりした商品を買う余裕などなかったのだ（ボグラ内外の都市部の小売店の売上も影響を受けたが、農村部ほどではなかった。都市部の住人は農村部の人々よりいくらか裕福なので、売上減少は四〇パーセントほどにとどまった）。

さらに、グラミン・ダノンが半年間かけて苦心して築き上げてきた地方の販売ネットワークが崩壊した。顧客が減ったことで、女性販売員はビジネスをやめた。すると、買いたいという客がいても、地方の顧客に販売する手立てがなくなった。八〇パーセントの売上減少がすべてを台無しにした。

グラミン・ダノンのビジネスは設立から一年で振り出しに戻ってしまった。計画を一から見直す必要があった。

幸運にも、グラミン・ダノンには一年間分の経験と教訓、そして経営陣の堅実なリーダーシップがあった。経営チームはビジネスの前提条件をすべて見直しはじめた。真っ先に槍玉に挙げられたのはヨーグルトそのものだった。

五タカから八タカへの急激な値上げが農村部の市場に大きな衝撃を与えたのは確かだった。グラミン・ダノンはより低価格な商品を開発する必要があった。

そこで、ダノンの食品開発のエキスパートたちが腕をふるいはじめた。カップの容量を八〇グラムより減らしても、ヨーグルトの美味しさと微量栄養素の量を維持することはできるのではないか。そこで、より甘みの強いレシピを利用して、実験を繰り返した。その結果、六〇グラムの容器に同じ量の栄養素（子どもの一日の必要量の三〇パーセント）を添加できることが判明した。

確かに量は少なくなる。しかし、ダノンがトルコなどの国々で販売している量と変わらない。そこで、二〇〇八年六月から、六〇グラムが農村部市場のヨーグルト・カップの新標準となった。価格は六〇グラム入りで六タカ。従来の値段よりも一タカしか高くない。

取締役会は見直された新パッケージを承認し、村々で小規模な販促イベントや校内栄養プログラムを実施した。グラミン・ダノンは徐々に女性のネットワークを取り戻していった。新たな女性販売員のネットワークは総勢三五名と以前よりは小ぶりだったが、非常に能率的だった。女性たちは月に一七日間働き、一日約五〇カップを販売した。その結果、農村部で月に合計約三万カップを売り上げた。成長の足がかりとしては悪くない数字だった。

また、グラミン・ダノンは、冷蔵庫を完備した食料品店と提携し、都市部の市場を成長させることが急務だと判断した。これは財務的に欠かせなかった。当時の売上量では、ボグラ工場の生産能力のほんの一部しか利用できないため、効率が悪く高コストだった。売上量を増加させれば、コスト単価は減少し、収支はゼロに近づく。短期的に見れば、都市部でヨーグルトの売上を伸ばすのがもっとも現実的な方法だった。

そこで、グラミン・ダノンは二方向から進撃した。まず、ボグラから五〇キロ余りの場所に位置するラジシャヒとパブナというふたつの小都市にも小売店プログラムを拡大した（それまでの販売地域はボグラの三〇キロ圏内に制限されていた）。これらの「地方都市」の売店では、八〇グラム入りのカップを八タカで販売した。都市部の顧客なら払える価格と判断されたからだ。

次に、かねてから検討されてきた戦略が前倒しされた。ヨーグルトをバングラデシュ最大の都市、ダッカでも販売することにしたのだ。

そのためには、事業計画にさらなる変更が必要だった。特に、倉庫に冷蔵庫を備えた流通センターを建設し、ヨーグルトをボグラ工場から週二回、三時間かけてダッカまで輸送するための保冷トラックを手配しなければならなかった。ヨーグルトの新鮮さと最適な味を保つ「コールド・チェーン」を導入すれば、高額な維持費がかかるため、当初の〝超ローカル〟な販売計画では見送られていた。しかし、売上量を押し上げて利益を増加させることが急務だったため、グラミン・ダノンは投資を決意した。

高額な運送コストをまかなうため、ダッカでは八〇グラム入りの価格が一二タカに設定された。農村部の顧客にとっては考えられないほど高い値段だが、都市部の住民なら払ってくれるだろう。グラミン・ダノンは冷蔵庫がほぼ普及しているダッカで、二〇〇八年一一月からヨーグルトの販売店を募りはじめた。その結果、ショクティ・ドイが買える地域は急増していった。

成功のレシピ

方向性の見直しや実験が功を奏して、今やグラミン・ダノンのビジネス・モデルは機能しはじめている。グラミン・ダノンは、都市部と農村部でシステムや商品を明確に区別することで、二種類の市場にサービスを提供している。

ボグラ、ダッカ、その周辺の街を含めた都市部では、一六〇〇以上の店舗ネットワークを通じてヨーグルトを販売している。さらに、バングラデシュ第二の都市であるチッタゴン（私の故郷）にも拠点を設けた。現在のところ、チッタゴンでヨーグルトを販売する店舗は一部だけだが、今後は増えていくだろう。

グラミン・ダノンは、さらなる顧客層（大人）を取り込み、売上を押し上げ、ボグラ工場の稼働率を引き上げるために、商品の多角化も図りはじめた。現在では、新風味のヨーグルト（マンゴー味）や低価格なヨーグルト・ドリンクも販売している。マンゴー・ヨーグルトの価格は六〇グラム入りが七タカ、八〇グラム入りが一二タカで、ヨーグルト・ドリンクは五〇ミリリットル入りが五タカ、七〇ミリリットル入りが七タカだ。

商品ラインナップの拡大に対応するため、グラミン・ダノンは新たなブランド名を採用した。二〇〇八年九月時点で、グラミン・ダノンの全商品には「ショクティ・プラス」という名前がつけられている（ショクティ＝エネルギー）。ブランド名から「ヨーグルト」という言葉を削ることで、将来的にヨーグルト以外にも商品を展開できるようにしたわけだ。その一例がベビー・フードだ。ベビー・フードはダノンが世界でもっとも成功している商品ラインのひとつだ。グラミン・ダノンが近い将来にベビー・フードをラインナップに加えるかどうかは未定だが、「ショクティ・プラス」というブランド名を利用することで、機が熟したときにすぐさま実行に移すことができるのだ。

一方、ボグラ地区の地方販売ネットワークも成長しつづけている。現在では、一七五名の女性販売員がさまざまな経路でヨーグルトを販売している。地元の村を訪問販売する女性もいれば、自宅を小さな店舗代わりにして販売する女性、グラミン銀行支店のセンターで開かれる週一回の集会を訪れ、参加した親子にヨーグルトを販売する女性もいる。

通常、女性販売員は工場から六〇グラム・カップをひとつ五タカで仕入れて六タカで販売し、一タカを利ざやとして懐《ふところ》に収める。平均的な女性販売員は一日に五〇カップを販売し、週に四日働くので、月収は合計八〇〇タカ（約一一ドル）くらいになるはずだ。バングラデシュの農村部の女性にとって、これは大きな家計の足しになる。

二本足の販売・マーケティング手法のおかげで、ビジネスは今や着実な成長軌道に乗っているようだ。現在、グラミン・ダノンの売上の三〇〜四〇パーセントはダッカが占めている。しかし、グラミン・ダノンでは、これは氷山の一角にすぎないと考えている。一二〇〇万以上の人口を抱えるダッカでは、販売できるヨーグルトの量は計り知れないからだ。さらに、グラミン・ダノンのボグラ工場の稼働率は一〇〇パーセントにまで改善した。これは大きな偉業だ。

次の大きなマイルストーンといえば、売上高と費用が等しくなる損益分岐点売上高の達成だろう。損益分岐点を超えれば、グラミン・ダノンは黒字を生み出し、ビジネスの拡大に投資できる。グラミン・ダノンの推定では、二〇一〇年には黒字化すると考えている。しかし、過去二年間の出来事が示すように、今日の予測不可能な経済環境では何が起こっても不思議ではない。

振り返ってみると、二〇〇七〜二〇〇八年の牛乳価格の高騰と、ヨーグルトの値上げによる売上激減は、ビジネスに致命傷を負わせかねない危機だった。値上げは間違いだったのだろうか？　そうかもしれない。しかし、持続不可能な低価格を維持するというのは、実行可能な選択肢ではなかった。初めから三つ目の選択肢を検討すべきだった。つまり、グラミン・ダノンが最終的に行なったように、商品を見直し、より小さくて低価格なパッケージを開発すべきだったのだ。

幸い、グラミン・ダノンはこの独創的な解決策に行き着き、ぎりぎりのところで会社を建て直し、新たな成長軌道に乗せることができた。おそらく、次に同じような危機に直面したときには、今回の出来事の教訓を活かし、より落ち着いた対応が取れるはずだ。

激動の三年から得た教訓

私は前作『貧困のない世界を創る』で、「ソーシャル・ビジネスは、少なくとも、どのようなPMB（利潤最大化企業）とも同じくらいうまく運営されなければならない」と記した。グラミン・ダノンの味わった経験は、この主張の正しさを物語っている。ソーシャル・ビジネスだからといって、グラミン・ダノンの設立がなんら易しくなったわけではない。むしろ、その正反対だ。

役立つ商品を開発し、売上を着実に伸ばしながら、ビジネスを持続させるのは非常に難しい。社会全体や特定の集団に明確で目に見える利益（貧困者の栄養不足の解消など）をもたらす組織を設計するのもまた難しい。そして、そのふたつを同時にやってのけるソーシャル・ビジネスを設計するのは、それよりもさらに難しいのだ。

前作で、著名な建築家であるルートヴィヒ・ミース・ファン・デル・ローエの「神は細部に宿る」

という言葉を引用した。この格言はグラミン・ダノンのエピソードにもよく当てはまる。ビジネスを成功させる上で、グラミン・ダノンのリーダーたちは細部にこそ気を配るべきだった。状況に応じて計画の調整や変更を行ない、細部がグラミン・ダノンの売上や事業全体の成功にどうかかわっているのか、じっくりと考えるべきだった。

以下に、グラミン・ダノン設立から三年間で得た教訓をいくつか紹介する。ソーシャル・ビジネスを起業しようとしている人々は、この教訓が役に立つだろう。

柔軟に考えること。ただし、根本的な目標を見失わないこと。グラミン・ダノンは、工場を建設して一個目のヨーグルトを生産するまで、数カ月間も入念な分析や計画を行なってきた。それでも、さまざまな面でビジネスの設計を見直さなくてはならなかった。どれほど優れた千里眼を持つ人でも、森羅万象を予測することはできない。人生はそれくらい複雑なのだ。

したがって、状況に応じて事業計画を見直すのをためらってはならない。ただし、場当たり的に次々とプログラムを変えてはならない。ソーシャル・ビジネスを設立したときの根本的な目標を忘れてはならない。

グラミン・ダノンの場合、目標はバングラデシュの人々、特に子どもの栄養状態を改善することだった。その目標を実現しやすくするために事業計画を変更するのはかまわないが、目標をねじ曲げたり、目標から遠のいたりするような変更は、悪い変更だ。この基準があったからこそ、グラミン・ダノンは最初の数カ月でさまざまな意思決定を行なうことができたのだ。たとえば、販売・マーケティング活動を農村部から都市部に広げるのは賢明な策だろうか？　イエス。その方が栄養豊富な商品をより多くの人々の手元に届けられるからだ。

相手の文化に身を投じること。ビジネスマンなら誰でも心得ているとおり、顧客に対する理解は成功とは切り離せないキー・ポイントのひとつだ。つまり、価値観、夢、欲求、恐怖、好き嫌いなど、顧客の文化を理解して共感することが大事なのだ。

ソーシャル・ビジネスを立ち上げる際には、この点がいっそう重要になる。地域に社会的利益をもたらそうとする人々は、うぬぼれを抱きやすい。自分は住みよい世界を作ろうとしている〝善人〟だと思っているからだ。その結果、顧客の勘違い、弱さ、失敗、欠点、時には単純な文化の違いにさえ我慢できないことがある。「この人たちはどうかしているんじゃないか？　なぜよいことをしようとしているのに、認めてくれないのだろう？」と思ったときは、間違った道に迷い込んでいる証拠だ。立ち止まって計画を見直そう。

相手についてよく理解していても、文化的な誤解は起こりうる。私たちがショクティ・ドイの効果的な地方販売ネットワークを築こうともがいていたときもそうだった。人々は新しい状況や困難に直面すると、あなたの予想とは異なる行動をとる。それは「正しい」とか「間違っている」ということではなく、「異なる」というだけだ。もしそういう人々に効果的なサービスを提供しようと思うなら、その行動の原因をいち早く見つけるべきだ。原因が早く見つかれば見つかるほど、よい成果につながるはずだ。

できるだけ協力者の助けを借りること。グラミン・ダノンが誕生したのは、意外な協力者同士がパートナーになったおかげだ。貧しい人々を対象にしたユニークな地方金融機関「グラミン銀行」と、フランスの大手消費者向け製品会社「ダノン」だ。しかし、この両組織は見事に協力し合っている。互いの持つビジネス・スキルは異なっていても、それぞれが補い合い、価値観を共有している。フランク・リブーやエマニュエル・ファベールなど、ダノンの優秀な幹部たちがいなければグラミン・ダノンは誕生していなかっただろうし、グラミンのネットワークがなければ、ダノンはバングラデシュの地方市場とここまで良好な関係を築くことはできなかったはずだ。

私はこれこそがどんな場所でもソーシャル・ビジネスを成功させる鍵だと思っている。前にも述べたように、人間は助け合いたいという欲求を持ち合わせている。これは利潤の追求と同じくらい強力なモチベーションとなる。ソーシャル・ビジネスは、善を行ないたいという人間の欲求を活かし、満足させるものだ。したがって、ソーシャル・ビジネスを設立しようとする人々は、予想外の場所で手を貸したいという人と出会っても驚いてはいけない。そして、助けを借りるのを遠慮する必要はないのだ。

市場に応じた機会を活用すること。 何度も述べているとおり、ソーシャル・ビジネスにとって重要なのは財務的に持続可能であることだ。グラミン・ダノンはまさにその目標を実現しかけている。しかし、潜在的な顧客をかたくなに同じレンズで見ていたら、こううまくはいかなかったかもしれない。

グラミン銀行は、農村部の貧しい女性を主な対象にしている（実際、政府の許可状によると、グラミン銀行は大都市ではなく農村部のみで営業が許可されている）。貧困や栄養不足といったバングラデシュ最大の問題は農村部の貧しい人々の間に存在しているため、グラミン・ダノンの設立当初の計画では、主に農村部の市場にサービスを提供する予定だった。都市部に商品を展開することがあるとしても、農村部で強力な基盤を作り上げてからのつもりだった。

しかし、いざふたを開けてみると、グラミン・ダノンは都市部と農村部の市場に別々の方法で同時に取り組むのが最善策だと気づいた。都市部ではわずかに高い値段（ただし都市部の貧困層でも買える値段）でヨーグルトを販売し、売上量や生産量を増やしながら、上がった利益でより貧しい地方市場を支えるためだ。都市部で強力な販売基盤をすばやく築くことができれば、村や地域にひとつずつ地方販売ネットワークを築いていくという気の遠くなる難題にも余裕を持って取り組めるのだ。

実際、財務を安定させるために「内部相互補助」（ある部門の黒字でほかの部門の赤字を補填すること）の仕組みを利用するという考えはかねてからあった。私たちは内部相互補助のアプローチを利用して、経済的に持続可能な眼科病院を築き上げた経験があったため、効果的であることは知っていた。しかし、ダノン側の人々は当初は乗り気でなかった。ダノンの人々に内部相互補助の考え方を理解・支援してもらうまでには時間がかかった。どのビジネスでも同じだが、ソーシャル・ビジネスでも忍耐は必要不可欠なのだ。シェイクスピアも述べているように、「心構えがすべて」なのだ。

現在では、内部相互補助の仕組みはうまく機能しているようだ。農村部と都市部というまったく性質の異なるふたつの市場が互いに支え合い、グラミン・ダノンを堅実で持続可能なビジネスにしようとしている。私は、世界中の国々のソーシャル・ビジネスで同じような仕組みが誕生するのではないかと思っている。

思い込みを疑うこと。長年の経験や入念な調査を通じて築き上げたアイデアでさえ、定期的に見直す必要があるかもしれない。ダノンの一流の栄養専門家たちは、商品のレシピを作るとき、必要な微量栄養素を添加するには八〇グラムの容量が必要だと結論づけた。それより少しでも少なければ、補助栄養素のせいでヨーグルトの味が落ち、子どもに受けないと考えていた。

しかし、牛乳価格の高騰によって、会社は初めてこの前提を見直し、間違いに気づいた。より少ないヨーグルトに同じ量の栄養素を添加することは不可能ではなかったのだ。

もしあなたがソーシャル・ビジネスを設立しようとしているなら、定期的に前提を振り返るべきだ。除外した選択肢や、必然だと思っていた選択肢を見直し、今でも同じ結論になるかどうかを検討しよう。その結果、状況が当時と変わっていたり、初期の前提が間違っていたりすることに気づくかもしれない。そうすれば、夢にも思わぬチャンスが開ける可能性もあるのだ。

ソーシャル・ビジネス・ファンドからの資金調達

長期的に見て、グラミン・ダノンのエピソードと同じくらい興味深いのが「ダノン・コミュニティズ」のエピソードだ。これはダノンが設立した投資ファンドであり、グラミン・ダノン設立の資金源となった。今後、ダノン・コミュニティズはそのほかのさまざまなソーシャル・ビジネスの資金源にもなるだろう。

ダノン・コミュニティズの投資金は、ダノンの株主や従業員が給与の一部を投資することですべてまかなわれており、投資家たちは投資しても利益は得られないと承知している。この基金が設立されたとき、投資家たちは投資元本とわずか一パーセントの配当以外に、利息、配当、利得はいっさいないと伝えられた。さらに、基金の一〇パーセントはまったく利益の上がらないソーシャル・ビジネスに投資されることも伝えられた。それでも、投資家たちはより高利益な投資ファンドではなく、ダノン・コミュニティズに投資することを決めた。それは、投資したお金が人類に利益をもたらすビジネスの設立に使われるという個人的な満足感があったからだ。

私は、ダノンと契約したとき、グラミン・ダノンへの投資に一パーセントの配当を支払うという条項をうっかり設けたことを悔やんでいた。『貧困のない世界を創る』で述べたように、これは契約プロセスを急ぎすぎたがゆえの過ちだった。その後、私はことあるごとに、契約を見直すべきだとエマニュエル・ファベールに申し入れた。そのたびに、彼は見直すと約束した。

二〇〇九年一二月、ダッカでグラミン・ダノンの取締役会議が開かれ、エマニュエル・ファベールをはじめとする数々のダノンの重役たちが出席した。この会議の席上で、ファベールは自信たっぷりに、ダノン・コミュニティズ・ファンドは株主の合意を見直し、一パーセントの配当を廃止すると発表した。投資元本は喜んで受け取るが、それ以上の配当は受け取らないと。私はこの発表を喜んだ。私は内心、「やれやれ。やっとこの日が来てくれた！」と思った。

この発表が行なわれると、部屋は歓喜に包まれた。「ビジネス界の歴史の中で、所有者が配当の廃止を喜ぶなんて初めての出来事だ！」と誰かが言った。確かにそうだった。しかし、私はそれが最初で最後にはならないと確信している。

翌日、ファベールからこんな電子メールが届いた。

ユヌス様

昨日の件については改めて喜びをかみしめています。私は、この現代資本主義の歴史の中のユニークな瞬間をきっと忘れないことでしょう‼ なんといっても、企業の取締役たちが、将来の配当の受け取りをいっさい拒否したことを喜び、たたえ合ったのですから。それではお元気で。

エマニュエル

私が感動したのは、ダノンの従業員のなんと三分の一がダノン・コミュニティズ・ファンドに所得の一部を投資することを選んだだけでなく、法的文書で取り決めたわずか一パーセントの配当の廃止にさえも同意したということだ。現在、グラミン・ダノンの投資家たちは、世界中の貧しい人々に手を差し伸べるという心理的・精神的な充足感だけが、投資の唯一の利益だということを承知している。確かに、この投資の概念はまだ生まれたばかりで実績がない。しかし、この価値ある概念に支援の輪が広がっているという大きな証拠といえるだろう。

好スタートを切った二〇一〇年

二〇一〇年の開始早々、グラミン・ダノンにはいくつかの朗報が届いた。生産が月一〇〇トンを超え、会社はもう少しで財務的に持続可能という状態にまでなった。さらに、二〇一〇年中をめどに第二工場を開始する準備が全力で進められている。グラミン・ダノンは、数年以内にバングラデシュの主要都市の多くで商品を販売したいと考えている。第二工場もボグラ工場と同じように小規模工場にする予定で、もっともビジネス機会が多いダッカ近くに建設される計画だ。ボグラ工場は非常に効率的で経済的な作りになっているが、ダノンの優秀なエンジニア兼デザイナーであるギュイ・ガヴェルの話によると、彼の設計したボグラ工場よりもさらに三〇パーセント少ない費用で第二工場を建設できる見込みだという。工場は二〇一〇年には稼働を開始する予定だ。オープニング・セレモニーにはフランク・リブーが出席を予定している。

一方で、グラミン・ダノンはボグラ地域の地方販売システムの強化・拡大に取り組んでいる。グラミン・ダノンは、ショクティ・プラスの栄養素を必要としている子どもたち全員に商品を届けたいと考えている。さらに、地方の販売・流通システムを国内全体に普及させる予定だ。最終的には、バングラデシュにおよそ五〇カ所の工場を建設し、もっとも人里離れた村々も含めて、国民全員にサービスを提供するのが目標だ。

これは、私がグラミン銀行で体験してきたことと似ている。まず、機能するモデルを築き上げ、検証や改良を行ない、状況の変化に応じて見直していく。次に、モデルの有効性が明らかになったら、サービスの提供地域をひとつずつ増やしていく。大事なのは、あらゆる段階で常に成果に目を配り、必要に応じて修正を行なうことだ。なぜなら、ある時期や場所で成功していた方法も、ほかの状況では修正が必要な場合もあるからだ。この過程には大きなやりがいがあるだけでなく、果てしない喜びもある。

グラミン・ダノンは、その短い歴史の中で想像以上の浮き沈みを体験してきた。しかし、その経験を通じて、ソーシャル・ビジネスにはバングラデシュだけでなく世界全体を変えるパワーが秘められているという確信はいっそう強まったのである。

第三章　ソーシャル・ビジネスを始める

ソーシャル・ビジネスは誕生して間もない考え方だ。それでも、ソーシャル・ビジネスを設立する動機は誰もが理解できるはずだ。創造性、起業家精神、住みよい世界を作りたいという欲求。こうした感覚は多くの人々が持っている。そして、それさえあれば、誰でもソーシャル・ビジネスを設立できるのだ。

もちろん、「起業家精神」という言葉は、従来型のビジネスの文脈で使われることが多い。ソーシャル・ビジネスの設立と一般的な企業の設立の主な違いは、起業家の根本的な動機だ。あらゆる起業家と同じように、ソーシャル・ビジネスの起業家も野心的、精力的、独創的で、大望を抱いている。しかし、ソーシャル・ビジネスの場合、起業家の根本的な動機が異なる。利潤最大化企業を始めようとする人々の大半は、金儲けに邁進《まいしん》する。できれば大金を稼ぎたいと思っている。利益の額が成功の測定基準になるからだ。したがって、起業家は強力なビジネス・ケースを探し、アイデアを模索する。

裕福な顧客を対象とする未開拓の市場。他社がまだ目をつけていない商品やサービスのニッチ市場。誰もが喜んで大金を支払う新たな需要を探そうとする。

しかし、ソーシャル・ビジネスを始める場合は、利潤を最大化するビジネス・ケースから探しはじめるわけではない。解決すべき社会問題を選び出し、それをビジネスの力で解決する方法を探すのだ。利益は必要条件としては重要だが、最終目的にすべきではない。市場の需要と自分の能力を照らし合わせて、利潤を最大化する方法を探すのではなく、それとはまったく違う人間の本能が出発点となる。それは「同情心」（思いやり）だ。たとえば、人々の苦しんでいる姿や話を見聞きしたら、それを変えたいと思うかもしれない。これは他者の苦しみを知ったときのごく自然な反応だ。すると、人はその解決策を探しはじめる。プロジェクトにソーシャル・ビジネスの手法を取り入れれば、経費を回収し、財務的に持続可能なビジネスを構築して、活動を継続させられるだけではない。「私は単なる慈善の受け手ではなく、世界経済の根幹を担っているのだ」という誇りや自尊心を相手に与えることにもつながるのだ。

したがって、ソーシャル・ビジネスを始める際には、まずニーズを見つけ出し、自分の能力や才能と照らし合わせよう。まわりを見渡し、何に憤《いきどお》りを感じるか自問してみよう。何を変えたいか？それがわかったら、問題の根本原因を探ろう。満たすべき重要なニーズとは？　大事なのは、表面をさらうだけでなく、深く正確に掘り下げるということだ。

手始めに、世界のあらゆる問題をリストアップするといいだろう。それだけでもすぐに新品のノートが真っ黒になるはずだ。そのうちひとつを選んで、「この問題を解決するソーシャル・ビジネスを設計できないか？」と考えてみよう。それが第一歩だ。そして、リストを眺めるうちに、問題がとうてい〝解決不可能〟に見えてきても、気を落とさないこと。もしかすると、あなたにしかない才能を発揮するチャンスがあるかもしれない。

創造力を使おう。現代は恵まれた時代だ。テクノロジーの力を借りれば、小さな創造力を増幅させて大きな創造力を生み出すこともできる。将来的にはさらに強力なテクノロジーが利用できるようになるだろう。今は不可能に見えても、明日《あす》には可能になるかもしれない。そういったテクノロジーを社会問題の解決にどう活かすかというのはソーシャル・ビジネスにとって大きな課題だ。しかし、大きなチャンスでもあるのだ。

解決を待っている問題はいくらでもある。貧困、飢餓、病気、医療、失業、孤児、麻薬、住宅問題、公害、環境など。近所を見渡して、解決が急がれる問題を探してみよう。まず、突き詰めたい問題をおおまかにリストアップする。次に、その中でソーシャル・ビジネスに変えられそうな項目を選び出し、そのひとつに着目する。そうしたら、そのビジネスについてさまざまな観点から情報を収集し、事業計画を立てよう。

最初は簡単に対処できる問題を選んだ方がいいだろう。初めてソーシャル・ビジネスを設計する場合には、あまりに野心的なビジネスや深刻な問題に挑んではならない。むしろ、適度な学習の場を見つけるのだ。将来的には、多くのソーシャル・ビジネスにかかわるかもしれないが、当分はソーシャル・ビジネスの設立や運営の基本を学ぶだけでいい。

持っている技術、能力、予算、強みをなるべく活かして、今いるところから始めよう。そして、解決すべき問題と、持ち合わせの能力との間にギャップがある場合は、工夫してその溝を埋めよう。

たとえば、アフリカ、南アジア、ラテン・アメリカなどの発展途上国の貧しい人々が気がかりだとしよう。しかし、あなたがヨーロッパ、日本、北米に住んでいるとしたら、発展途上国の労働者、農業従事者、職人はあまりにも遠い存在だ。旅行の経験さえないかもしれない。では、何をすればいいか？　あなただけが持っている知識を活用するのだ。あなたは自国の市場や人々について知っているかもしれない。ある商品やサービスの生み出し方を知っているかもしれない。あるいは、あなただけにしかない特別な技術を持っているかもしれない。だから、ソーシャル・ビジネスを柔軟にとらえてみよう。どんなビジネスでも、農業、加工、製造、販売、そして最終的には商品の購入まで、バリュー・チェーン（価値連鎖）全体にさまざまな人たちがかかわっている。そして、どんな国にも貧しい人々はいる。最初に手を差し伸べられそうな集団を探そう。おそらくは先進国から始めることになるかもしれない。その後、活動を拡大し、より多くの人々に利益を届ける。気後れしてはならない。今いるところから始めるのだ。

サービスを提供してソーシャル・ビジネスの目的を満たせるという自信があるなら、一歩を踏み出そう。世界に名だたるソーシャル・ビジネスにならなかったとしても、立派なソーシャル・ビジネスには違いない。重要なのは成功させること。どんなに大胆なソーシャル・ビジネスを計画しても、何カ月も何年も成功しないまま格闘しつづけるのでは、苦しいだけだ。

それこそ一番の過ちだ。ソーシャル・ビジネスを楽しもう。私たちの掲げる基本原則のひとつに、「楽しむ！」というのがある。このモットーを心に留めて、日々実践しよう。

貧しい人々のニーズを明らかにする際には、話をやたらに複雑化しないこと。貧しい人々の心理だとか、貧困撲滅に関する社会学的・経済学的研究などを持ち出してはならない。単純に考えよう。誰にでも、食糧、収入、医療、住宅、水、金融サービス、電気、公衆衛生、情報技術などは必要だ。ほんの少しでもこういったサービスを届けられるなら、とにかく実践しよう。そして、その活動の助けになりそうな人を見つけたら、積極的に手を借りよう。

次に、目標を明確にしよう。これはプロジェクトで期待どおりの成果を得るには欠かせない作業だ。それが終わったら、その目標の担い手となる商品やサービスを探る。商品と目標の関連性をはっきりさせることが重要だ。

初めてのソーシャル・ビジネスで大成功すると期待しないこと。最初の数回はたいてい失敗に終わるものだ。ロケットの開発がその好例だろう。六〇～七〇年代のアメリカとソ連の宇宙計画は何度も失敗を繰り返した。発射台でロケットが何機も爆発した。しかし、失敗するたびに、将来の成功へと一歩ずつ近づいていたのだ。そして一九六九年、全世界が見守る中、ついに宇宙飛行士が初めて月面に降り立った。実験はこうして花開くものなのだ。

同じように、何かを設計するときは、すぐに飛ぶと思ってはならない。あちこちに修理が待っている。ちょっと飛び上がったと思ったら、すぐに落ちてくるかもしれない。だが挑戦しつづけよう。自分の創造力を信じるのだ。そうすれば、いつか飛ぶ日が来る。それが創造力というものだ。あきらめてはならない。アイデアが浮かんだら、成功するまで挑戦しつづけよう。

壮大な目標から具体的な目標へ

壮大な夢にとらわれすぎて、人々の役に立つ身近な機会を逃さないようにしよう。むしろ、壮大な夢を具体的で現実的な目標に置き換える方法を探すべきだ。

たとえば、貧困の根絶はとても壮大な社会的目標だ。どのように追求すればいいか？

そのコツはこうだ。たとえば、「五人の貧しい人々になら、仕事を与えられるのではないか」と考えるのだ。それでは、どうやって仕事を生み出せばよいか？　その方法はごまんとある。実際、成功しているソーシャル・ビジネスは、たいてい雇用を創出している。ソーシャル・ビジネスを設立する目的は、自分自身の金儲けではなく、雇用の創出なのだ。雇用を創出できれば、世界全体の貧困ではなくとも、最初の五人の貧困は解決したことになる。そう考えれば、ソーシャル・ビジネスを始めることで、少なくとも小さなスケールで貧困を根絶することはできるのだ。

マイクロファイナンスも貧困を根絶するソーシャル・ビジネスの形態のひとつだ。貧しい人々にマイクロクレジットを提供すれば、自営という形で仕事を生み出すことができる。これも、ひとりずつ貧困を根絶していく方法といえる。

自分の経歴、経験、知識、関心と照らし合わせた結果、医療分野でソーシャル・ビジネスを開始したいと思ったとしよう。その場合、いきなり世界の医療制度を改革しようと思ってはならない。むしろ、医療の世界に存在する無数の小さな機会に目を向けるのだ。問題を手頃な大きさに細分化してみよう。そして、そのひとつずつに関して個別のソーシャル・ビジネスを立ち上げるのだ。

これこそ、私たちがバングラデシュで合弁事業のパートナーと実際に行なっていることだ。たとえば、清潔で安全な飲み水の確保は医療課題のひとつだ。そこで、私たちはヴェオリア・ウォーターと協力し、水問題を解決するソーシャル・ビジネスを立ち上げた。農村部の貧しい子どもたちの栄養不足も医療問題のひとつだ。そこで、私たちはソーシャル・ビジネスを通じて問題を解決するために、ダノンと提携した。靴の不足により、バングラデシュの多くの人々が寄生虫病の危険にさらされている。そこで、私たちはアディダスと協力し、できるだけ低価格で靴を販売するソーシャル・ビジネスの設立を計画している。貧しい人々に低料金で白内障手術を提供するのも医療課題のひとつだ。そこで、私たちはアイ・ケア（特に白内障手術）を専門とするふたつの病院をソーシャル・ビジネスとして開院した。世界的規模で見ると、医療問題は巨大すぎてとうてい一度には解決できない。そこで、私たちは問題を細分化し、ひとつずつ個別に取り組んでいるというわけだ。

医療という広大な世界の中で、私たちはさらに新しい方面へと進みはじめている。バングラデシュ国内はもとより、世界中で看護師が大きく不足している。しかし、これは私たちにとってはチャンスだ。グラミン銀行には八〇〇万世帯もの借り手がいるが、そういった家庭の若い女性の多くは、看護学校さえあれば十分に通えるだけの能力を持っているのだ。そこで、私たちは看護学校を設立し、グラミン銀行から女子学生に奨学金を与えてはどうかと考えた。看護学校の経費は授業料や学費でまかなうことができるだろう。典型的なソーシャル・ビジネス・モデルだ。

さらに、卒業した女性には仕事も保証する予定だ。看護師の資格を取った女性には、「グラミン・ヘルスケア」で月額一万五〇〇〇タカ（約二二〇ドル）という魅力的な初任給で働いてもらう。そして、奨学金を返済し終わるまで、給与の三分の一を分割返済に当ててもらう。さらに、看護師たちは最大で月給七万タカ（約一〇〇〇ドル）という国際的な職も選ぶことができる。

注目すべきは、私たちが個々のソーシャル・ビジネスを通じて小さな医療問題をひとつずつ解決するたびに、バングラデシュ全体の医療サービスが改善しているという点だ。村の子どもの栄養状態を改善し、清潔な飲み水を届けることで、予防可能な病気の発生率を抑え、病院や診療所の負担を軽減できる。農村部の人々に低価格な靴を提供することで、寄生虫病を予防できる。看護学校を設立することで、バングラデシュの人々に高度な医療サービスをもたらす専門家を養成できるだけでなく、その利益によって貧困を緩和し、さらに多くの人々の健康状態を改善できる。医療のパズルにピースが加わるたびに、医療サービスの全体像は改善されていく。負のスパイラルを正のスパイラルに変えることができたのは、医療システムを解決する「壮大な計画」を練ったからではなく、一つひとつ改良を積み重ねていったからなのだ。

医療分野で新たなソーシャル・ビジネスを始める機会はまだまだたくさんある。それも、バングラデシュなどの発展途上国だけでなく、世界のあらゆる場所に転がっている。

たとえば、すべての人に低価格な処方薬を届けるというのは大きなソーシャル・ビジネスのチャンスになるだろう。処方薬は、値段が高すぎて手が届かないことも多い。実際の製造コストは微々たるものであっても、メーカーが魅力的なパッケージや、マーケティング、広報に多額の資金を投じるためだ。結局のところ、こういった費用を負担するのは患者だ。低価格な薬を流通させるソーシャル・ビジネスを設立すれば、このような余分なコストを避けられる。その結果、患者に低価格な薬を届けられるのだ。

もちろん、このようなビジネスを始めるには、さまざまな面で工夫が必要になる。たとえば、低コストで生産できるジェネリック薬品なら、アフリカや南アジアの貧しい人々にも無料《ただ》同然で提供できるだろう。しかし、利害関係者が低価格な薬の品質を疑問視するかもしれないし、監督機関が懸念を示すかもしれない。ほかにも、解決すべきビジネス上の問題はたくさんあるだろう。だが、解決できないほど難しい問題だろうか？　私はそうは思わない。

ワクチンの提供も魅力的なソーシャル・ビジネスになりうる。世界のワクチンの中には、コレラや腸チフスなどのありふれた病気を予防する効果が非常に高いものもある。しかし、投資利益がそれほど高くないため、企業が生産したがらないワクチンもあるのだ。稀少疾患として知られる病気は六つある。いずれも大勢の死者がいるものの、ワクチンの生産はほとんど（あるいはまったく）行なわれていない。たとえば、コレラは、すでに効果が実証されているワクチンさえあれば、ほとんど根絶が可能にもかかわらず、バングラデシュではいまだに発生率が非常に高い。

発展途上国で低価格なワクチンを製造・販売するソーシャル・ビジネスに興味を持ったなら、設立を思いとどまる必要はどこにもない。この場合も、効果的な事業計画を立てるには、さまざまな課題をクリアする必要があるだろう。たとえば、サプライ・チェーンの要素をいくつか開拓する必要があるかもしれない。ワクチンの製造ライセンスを供与し、ワクチンの大量生産を行なうメーカー。ワクチンを貧困国に輸入するマーケティング・流通会社。ワクチンを都市部や農村部の医療機関に販売する会社などだ。経済的な観点からいうと、このシステムを持続可能にする鍵は内部相互補助だ。つまり、中流階級の人々にはワクチンの生産コストをいくらか上回る料金を払ってもらい、その利益で貧しい人々の料金を最小限に抑えるわけだ。できれば、ワクチン一回当たり数セントに設定するのが望ましい。果たしてそんなことが可能なのだろうか？　バングラデシュの貧しい人々に役立つビジネスを築き上げてきた数十年間の経験から言えば、必ずや可能だ。

医療分野のソーシャル・ビジネスの機会はほかにも数多くある。多くの学校では、予算不足により、日常的な応急処置、予防治療、保険教育などを行なう養護教員を雇う余裕がない。おそらく、ソーシャル・ビジネスなら、訓練を受けた養護教員をすべての学校に配置できるはずだ。また、持病を抱えた高齢者や、障害により外出できない人たちは、訪問医療の専門家を切実に必要としている。ソーシャル・ビジネスでこういったサービスを提供できない理由はない。さらに、ＡＩＤＳなどの性感染症の蔓延を防ぐ上で、より安全なセックスの普及も大きな役割を果たす。すべての地域にソーシャル・

ビジネスの診療所を設けて、若いカップルに病気から身を守るためのカウンセリングや、文化に即した教育を行なったらどうだろうか？

個人的な情熱を足がかりに

あなたが医者、看護師、理学療法士、薬物研究者として医療分野にかかわっているなら、すでにソーシャル・ビジネスを利用して医療サービスを変革するさまざまなアイデアが浮かんでいるかもしれない。しかし、世界の大規模な社会問題とは直接的なかかわりのない分野で働いているとしたらどうだろう。そういう人でも、人類の抱える難問に才能を活かすことはできるのだろうか？

多くの分野では、間違いなく可能だ。私は、どのような個人的情熱も、創造力さえあれば住みよい世界を作る手段になりうると信じている。

たとえば、あなたが芸術、文学、音楽、ダンス、演劇など、文化の世界にかかわっているとしよう。その才能を活かして強力なソーシャル・ビジネスを構築する方法はあるか？

もちろんある！　私はグラミン企業の経験を通じて、文化が社会を形作る重要な役割を果たしていることを何度となく痛感させられた。文化が妨げになって社会の進歩が遅れることも多いが、文化のプラスのエネルギーを利用すれば、大きな好ましい変化を生み出せる場合もあるのだ。

グラミン銀行の設立当初、バングラデシュに深く染みついた文化的な規範のせいで、女性の借り手を惹きつけるのは難しかった。農村部の女性の多くはお金に触れたことさえなく、男性の聖域に踏み込む勇気がなかった。さらに、女性の多くは文字が読めず、地域社会に閉じ込められていたため、マイクロクレジットの世界にかかわるのをためらっていた。

しかし、私たちは少しずつ新たな文化を築くことで、問題を解決していった。まずは女性たちに自分の名前の読み書きを教えた。それは女性たちに驚くほど自信をつける体験だった。多くの人々が、グラミン銀行の借り手たちの相互扶助コミュニティの威力に気づいた。女性たちはグラミン銀行センターで開かれる週一回の集会に喜んでやってきて、歌を歌ったり、ちょっとした運動をしたり、家族や自分の小事業について話し合ったりするようになった。

現在では、グラミン銀行の借り手の女性の多くが自立し、才覚を発揮し、夢を抱いている。この劇的な文化の変化は、女性自身だけでなく、夫、子ども、地域にも利益をもたらしてきたのだ。

とはいえ、この文化の変革は順風満帆だったわけではない。文化を破壊するなと言われたこともある。女性は家を守るべきで、お金を持ったり扱ったりするべきではないと。それを聞いて、私はこう答えた。「どうぞあなたは文化をお守りください。私は対抗文化《カウンターカルチャー》を作りますから」

それ以来、文化というものは対抗文化と絶えず切磋琢磨しなければ古びていくのだと強く信じるようになった。人間が文化を作り、文化が人間を作る。相互的なものなのだ。人間が文化に身を隠せば、文化は死んでしまう。博物館ならそれでもいいが、現実の人間社会にはふさわしくない。人間社会に進化をもたらすには、前に進む必要がある。新しい文化を少しずつ築き上げ、進化させていかなければならない。私たちは、死んだ文化を拒み、自己再生する活発で生き生きした文化を作り上げたのだ。

現在も、私たちは同じような文化上の難問と闘っている。たとえば、ショクティ・プラス・ヨーグルトを販売している村の住人の中には、子どもたちにとって微量栄養素がいかに貴重で重要かを理解してくれない人々もいる。「私は一日一杯のご飯で大きくなった。私の子どももそれで十分ではないか」

ここにこそ、文化的な才能をソーシャル・ビジネスに活かすチャンスがある。歌、ダンス、演劇などの文化活動は、バングラデシュの農村部の村人たちに家族の健康ニーズを理解してもらうきっかけになる。さらに、ラジオ番組やテレビ番組も活動の助けになるだろう。バングラデシュでは、携帯電話を保有する人がますます増えている。したがって、教育、情報、娯楽を組み合わせた文化的な「アプリケーション」を構築するという手も考えられる。その結果、多くの村人が人生を変える喜びを味わえるかもしれない。

つまり、文化活動を利用すれば文化の変革を効果的に行なうことができる。そして、そのような活動をソーシャル・ビジネスで実施できないという道理はないのだ。

あるいは、あなたがエンジニアだとしよう。エンジニアがソーシャル・ビジネスに参加する余地は？

いくらでもある。ひとつ簡単な例を挙げよう。排泄物や廃棄物のリサイクルをソーシャル・ビジネスにするというのは面白くないだろうか？

バングラデシュの首都ダッカは、急成長する発展途上国の都市でよく見られるように、非衛生的な状況が蔓延している。これは、農村部の数百万の貧しい人々が流れ込み、下水システムやゴミ処理システムの整備されていない住宅に住んでいるためだ。しかし、これは解決できない問題ではない。そして、見事なソーシャル・ビジネスになりうる。なんといっても、廃棄物は貴重品だ。電力、堆肥、調理・暖房用の化学燃料、動力用のガスなど、さまざまなエネルギーに変えられる（これは本当だ。実際、私たちの再生可能エネルギー会社「グラミン・シャクティ」は、動物の排泄物をリサイクルするバイオガス装置をバングラデシュ農村部ですでに数千台も販売している）。

したがって、あなたがソーシャル・ビジネスに興味を持つ土木技師だとしたら、ダッカ、テグシガルパ（ホンジュラス共和国の首都）、アクラ（ガーナの首都）、ラゴス（ナイジェリアの首都）など、発展途上国の都市に事業所を立ち上げ、都市部の廃棄物を経済的・環境的に持続可能な方法で処理するソーシャル・ビジネスを始めればいい。ここで築き上げたモデルを世界中に展開すれば、数多くの人々に健康で幸せな暮らしを届けられるはずだ。

あるいは、あなたがアウトドア人間だとしよう。暇を見ては、ハイキング、登山、キャンプに出かけている。それをソーシャル・ビジネスに活かせないだろうか？

もちろん可能だ。世界の森林破壊について考えてほしい。愚かな人々、貪欲な企業、そして時には税金で森林を保護する立場の政府高官たち自身によって、世界中の森林が丸裸にされている。森林破壊が進めば、地球がみすぼらしい姿になるだけでなく、気候変動も加速する。したがって、広大な土地に植樹を行なう活動は、絶好のソーシャル・ビジネスになりうるだろう。

銀行家にさえ独創的なソーシャル・ビジネスを始める機会はある。といっても、マイクロクレジットだけではない。世界中の数千万の人々が金融サービスを必要としている。そして、そうした人々へのサービスは、成功するソーシャル・ビジネスの足がかりになりうるのだ。

ひとつ例を挙げよう。送金サービスを行なうソーシャル・ビジネスというのは名案かもしれない。送金は、貧しい人々の経済活動にとって欠かせない一部だ。貧しい労働者は、国境どころか、時には海を越えて出稼ぎに行く。すると、生活資金を求めている故郷の家族にどうにかして給料を送金しなければならない。不幸なことに、貧しい人々は多額の送金手数料を強いられている。しかし、低コストで瞬時に送金できる現代の情報技術を利用すれば、この手数料は不要なはずだ。

賢い銀行家に求められているのは、ＩＴ専門家と手を結び、低価格で瞬時の送金ビジネスを始めることだ。これは、非常に現実的で緊急性の高いソーシャル・ビジネスだ。そして、無数の人々の生活をすぐに向上させることができるだろう。

このように、ソーシャル・ビジネスを始めるにあたって、職務経験、学歴、才能はあまり関係ないのだ。自分の個人的な情熱に目を向け、それを誰かが苦しんでいる問題と結びつける。そうすれば、今までにない楽しみや喜び、興奮、やりがい、満足感を得られるはずだ。

人間中心のソーシャル・ビジネス

解決したい問題がなかなか見つからない場合には、別の方法もある。助けを必要としている集団を探し、その人々を助ける方法を考えるのだ。

私の場合、貧しい人々のさまざまなニーズを手始めにして、バングラデシュで活動を行なってきた。あなたも貧しい人々と手を組んでもいいし、高齢者、障害者、幼児、子ども、シングル・マザー、精神障害者、元囚人、ホームレス、失業者、依存症者、医療不足に苦しむ人々など、深刻なニーズを抱えたほかの人々を相手にしてもよい。サービスを提供する相手を出発点にすることで、ソーシャル・ビジネスの名案が浮かぶことも多いのだ。

その目的は、顧客に力を与える商品やサービスを考案・構築することだ。顧客が漫然と消費するだけの商品やサービスではなく、支払った金額以上に稼いだり節約したりできる商品やサービスを提供するべきだ。たとえば、クレジットはその典型例といえる。借りたお金を元手にして独自の事業を興せば、収入を増やし、経済的に自立できる可能性がある。あるいは、教育や情報に関連する商品も考えられる。教育や情報が手に入れば、顧客は経済活動を通じてより多くの価値を生み出せるようになる。ほかにも、生産性の向上につながる医療関連の商品や、電力、機械、近代技術の普及、破滅的なリスクから顧客の身を守る保険商品などが考えられる。

商品の販売ばかりがソーシャル・ビジネスではない。先進国市場へのアクセスを改善したり、条件のよい働き口を創出したり、企業の所有権を与えて所得を増加させたりして、人々に力を与えるビジネスも考えられる。いずれの場合も、恵まれない人々がバリュー・チェーンのより大きな部分を占められるようになる。たとえば、織物製品のソーシャル・ビジネスを始める場合、裕福な顧客に最新のファッションを高値で販売するという手が考えられる。しかし、それは目的を達成する手段にすぎない。本当の目的は、立場の弱い綿花の栽培農家や手織り職人に、条件のよい仕事を与えるということだ。つまり、仕事から利益を得る人々の数や、労働者一人ひとりが受け取る利益を最大化するということだ。

以下に、特定の集団を対象にしたソーシャル・ビジネスを考案する際に役立つ考え方をいくつか紹介しよう。

生産性や市場アクセスを改善する。あなたがサービスを提供しようとしている人々は現在働いているか？　価値あるスキルを持っているか？　彼らが魅力的な市場により容易にアクセスすることはできないか？　彼らに道具、教育、知識を与えることで、彼らが仕事を通じて生み出す価値や利益を増加させることはできないか？　あなたは生産性の向上に力を注ぐこともできるが、マーケティング面で役割を発揮することもできるだろう。たとえば、発展途上国の工芸家や職人が先進国の顧客に商品を販売するルートを見つけ出すという手が考えられる。

雇用を創出する。人々に好条件の仕事を与えるソーシャル・ビジネスを設計する。たとえば、商社を設立し、元麻薬依存症者やシングル・マザー（共働きが一般的でない国の場合）を戦力として雇う。障害があっても働けるソーシャル・ビジネスを設計し、障害者を雇う（たとえば、目の見えない人々に家具の組立、衣服の裁縫、マッサージを教える)。果物、ピザ、新聞などのチェーン店を設立し、運営者を募る。最終的には、こういった小企業の所有権を運営者に譲渡し、人々を〝マイクロ起業家〟として独立させるという手もあるだろう。

消費者を支援する。生活に欠かせない貴重な商品やサービスを低価格で買えることは、消費者の利益につながる。地元のビジネス市場に参入する資金の提供から、電力を継続的に供給するソーラー・パネルの販売、栄養不足を解消する栄養補助ヨーグルトの流通まで、グラミンが行なってきたのはまさにそれだ。もちろん、もっとも影響力の強い商品のひとつとして、教育が挙げられる。たとえば、読み書きのトレーニング、基本的な職業訓練、語学プログラム、コンピューター実習、技術研修などを提供することが考えられる。また、インターネット・アクセスや携帯電話アプリケーションといった便利なテクノロジーを提供し、農産物市場などを有効に活用できるようにすることも考えられる。ソーシャル・ビジネスとして成立するためには、商品やサービスを販売することで、顧客にその価格以上の利益をもたらさなければならない。また、それをもっとも必要としている人々が買えなければ意味がない。そのためには、長期的な支払いを認め、顧客の先行費用を抑えたり、裕福な人々に高料金を負担してもらう「内部相互補助」の仕組みを取り入れたりする必要があるだろう。

起業家精神を引き出す。私が人生で学んだ最大の教訓は、誰もが莫大な創造力と起業家精神を秘めているということだ。したがって、起業家精神を引き出すようなソーシャル・ビジネスを設立する手もあるだろう。その手法はさまざまだ。起業家同士が顔を合わせて、ビジネスの成功に必要な知識、能力、経験、技術を共有し合うセンターの設立。投資ファンド、研修プログラム、マーケティング代理店の設立。夢を持った起業家向けの指導プログラムの実施。優秀な新事業のアイデアを選出、表彰、推進するコンテストの開催。いつの日か、あなたの支援で成功したソーシャル・ビジネスを誇らしげに語る時が来るかもしれない。

生活に安定をもたらす。貧しい人々の最大の問題のひとつは、経済的、個人的、社会的な打撃から生活が守られていないという点だ。ぎりぎりの生活を送る人々は、ほんのわずかな打撃を受けただけで悪循環に陥り、極度の貧困から抜け出せなくなってしまうことも多い。たった一度の不作、大きな事故や病気、不況、家族の危機（子どもの薬物乱用など）に遭っただけで致命傷を負うのだ。そこで、このような立場の弱い人々に安定した生活をもたらすソーシャル・ビジネスを設立する手もある。保険会社のように大人数にリスクを分散するという方法もあるし、協同組合のように相互扶助の集団を築き上げるという方法もある。もっといいアイデアもあるはずだ。その創造力を持っているのはあなたかもしれない。

どのようなニーズを満たすにせよ、計画段階で相手に参加してもらえば、ソーシャル・ビジネスははるかに効果的になるだろう。ビジネスで恩恵を受ける人々と人脈を築き、プロセスに参加してもらおう。ただし、貧しい人々や恵まれない人々にもあなたたちと同じ能力、起業家精神、労働意欲があることは忘れないでほしい。すばらしいソーシャル・ビジネスを考え出す能力はあなたとまったく変わらないのだ。なんといっても、貧しい人々の社会的ニーズを一番に理解しているのは貧しい人々自身だ。貧しい人々と関係を築けば、より効果的な事業計画を生み出せるだけでなく、互いを尊重する空気が生まれ、ソーシャル・ビジネスは成功に一段と近づくのだ。

テクノロジーを利用して人間のニーズを満たす

ソーシャル・ビジネスのアイデアを練るもうひとつの方法は、既存のテクノロジーや最新のテクノロジーに目を向け、「このテクノロジーで人間のニーズを満たす新しい方法はないか？」と問うことだ。その具体例をいくつか紹介しよう。発想のヒントになるはずだ。

インフラを普及させる。貧困の蔓延する場所では、インフラに問題があることが多い。村と市場をつなぐ橋や道路が必要な場合もあれば、電力や清潔な飲み水が必要な場合もある。地元の農家に灌漑システムが不足している場合もあれば、リサイクルなどの廃棄物処理が行なわれていなかったり、公害がひどく進行していたりする場合もある。このようなインフラの欠陥を改善すれば、人々の所得の増加に直結するだろう。インフラの改良で生活が向上するなら、住民はたいてい喜んで出資してくれるはずだ。

ソーシャル・ビジネスの設立を目指すなら、インフラの問題をひとつ選び、それを解決する手頃なビジネスを始めるとよいだろう。たとえば、大通りの下水システム整備会社などが考えられる。最初のプロジェクトに成功したら、次のプロジェクト、そしてそのまた次へとプロジェクトの規模を拡大していくのだ。

予算や人材に余裕がある場合は、より大規模なインフラの問題に取り組むこともできる。商業を活性化する海港や長距離移動を実現する空港を築いてもよいし、発電所や電線を整備してもいいだろう。ソーシャル・ビジネス起業家の主な役割は、事業の計画、投資家や技術の発掘、法的枠組みの取りまとめ、収益の収集・分配モデルの発案、規制や政治的問題の克服などだ。

富裕層のテクノロジーを貧しい人々のニーズに適応させる。裕福な人々の暮らしを向上させてきたさまざまなテクノロジーを作り替えて強力にし、何より低価格にすれば、貧しい人々の助けになるはずだ。携帯電話はその好例だ。一九九七年、私たちはバングラデシュの村々に電話網を敷き、「テレフォン・レディ」の全国的なネットワークを築き上げた。つまり、もともと裕福な人々が使っていた先端テクノロジーを貧しい人々のもとに届けたわけだ。今日では、コンピューター、インターネット、モバイル、再生可能エネルギー、医療技術など、同じことが可能なテクノロジーはほかにもたくさんある。ソーシャル・ビジネスの起業家に求められるのは、これらのテクノロジーをすべての人に届ける持続可能なビジネス・モデルを考えることだけだ。

場合によっては、裕福な人々向けの既成のテクノロジーを貧しい人々がそのまま利用できることもあるし、貧しい人々に合わせてうまく設計し直さなければならないこともあるだろう。貧しい人々向けに開発されたテクノロジーがあまりに使いやすく、強力で魅力的なため、裕福な人々がこぞって取り入れるということもありえなくはないのだ。

技術的な解決策を通じて持続可能性や環境を向上させる。ソーシャル・ビジネスを利用すれば、人類の健康や経済に大きな好影響をもたらし、自然環境を劇的に改善することができる。たとえば、植林、流域保護、漁業管理、エコツーリズム、持続可能な農業といった活動を中心としたソーシャル・ビジネスを始めれば、長期的な農業生産が向上し、農村の生活ははるかに潤うだろう。ソーシャル・ビジネスの起業家に求められるのは、ビジネスを持続可能にし、知識や技術を提供し、市場アクセスを構築するのに必要な資本を調達することだ。

モデルの検証

ソーシャル・ビジネスの起業家は、コスト・パフォーマンスが高いだけではなく、貧困者などの恵まれない人々に価値あるサービスを提供するビジネス・モデルを作り上げなければならない。そのためには創造力が必要だ。

したがって、ブレインストーミングにたっぷりと時間をかけよう。十分な下調べや読書をしよう。社会問題の解決に挑んだ人々の方法を研究し、どこでつまずいたのか、どうすれば成功できたのかを明らかにしよう。さらに、社会問題の画期的な解決例を調べ上げ、「この解決方法を私の問題に応用できないか？」と自問しよう。おそらく、輸送やＩＴなどの分野の巧妙な解決策を医療、住宅、教育の問題に応用することは可能だし、その逆もそうだろう。

また、サービスを提供する相手とともに時間を過ごし、関心、ニーズ、能力、夢などを知るのも大切だ。もしかすると、すでに完璧な解決策を持っている人がいるかもしれない。大事なのは、そういう人の話をじっくりと聞くことだ。

ビジネス・モデルが浮かんだら、次はその検証だ。この実験段階は非常に重要だ。なぜなら、実験を行なわなければ、アイデアがどのくらい実行可能なのか、長所と短所はどこか、実行するのにどのような専門技術や知識が必要なのかを正確に把握できないからだ。実験段階は、成功するビジネス・モデルを築き上げるのに重要なだけでなく、本格的な業務の開始資金を予測するのにも役立つ。

これまでにも述べてきたように、小さな規模で今すぐに始めるのが最善策だ。アイデアが定まったら、自分自身やチーム・メンバーにこう問いかけてみよう。「小さなパイロット・プロジェクトを実施するにはどうすればいいか？　どのような組織や地域住民から手をつければ、すぐにでもごく小さな規模で始められるだろうか？」

この段階では、予算や人材を最小限に抑えるべきだ。パイロット・プロジェクトの資金源は主にポケット・マネーになるからだ。実際に、成功した社会起業家の多くが最初はポケット・マネーを利用している。本書の冒頭で説明したように、私がマイクロクレジットを始めたきっかけも、わずか二七ドルのポケット・マネーだった。それは、インドのムンバイに住むドゥルヴ・ラクラも同じだ。二〇〇八年、彼はオックスフォード大学時代に貯めた三〇〇ドルで、配達サービスのビジネス・アイデアの検証を始めた。彼はそのお金で地元の学校から若い聴覚障害者をふたり雇うと、友人たちに電話をかけ、自分の始めた配達サービスで郵便物を届けないかと尋ね回った。何人かが彼の小さな会社を利用すると答えると、貧困に苦しむ障害者を雇うビジネスが誕生した。現在、彼の会社「ミラクル・クーリアーズ」には、三五人の従業員がいる。その全員が聴覚障害者だ。そして、郵便物を黙々と、しかし見事な手さばきで街中に配達している。

今日、社会起業を志望する人々は特に恵まれている。現代技術のおかげもあって、わずかな予算でも新規ビジネス・モデルの実験を行なえるようになったからだ。オフィスにお金をかける必要はあるか？　ないかもしれない。多くのビジネスは誰かのポケットにある携帯電話でも始められるからだ。商品を販売するのに店舗は必要か？　今日では、低予算で気軽にインターネット店舗を開店し、大通りのブティックより多くの顧客を集めることも可能だ。ソーシャル・ビジネスのパンフレットや広告を制作するのに、グラフィック・アーティストやプリンターは必要か？　パソコン一台と安いプリンターさえあれば、プロに劣らぬ広告を作ることも不可能ではない。あるいは、地元の美術大学の知り合いを雇えば、プロをも凌ぐパンフレットを作ってくれるかもしれない。

もちろん、実験段階では、ソーシャル・ビジネスを副業で営み、お金を節約するという手もある。「定職やめるべからず」という言い回しにもあるように、少なくとも検証や経験からソーシャル・ビジネス・モデルがうまくいくとわかるまでは、仕事はやめない方がいいだろう。多くの起業家にとって、もっとも人生ですがすがしい日は、本業を辞め、ソーシャル・ビジネスに専念するようになったときだ。

独創的な発想で既存のモデルを見直す

ソーシャル・ビジネスの起業に関心があるといっても、社会問題のまったく新しい解決策を考え出す必要は必ずしもない。人類の難問を解決する独創的で効果的なアプローチを生み出している組織は数多くある。まずは、あなたが注目している問題にこれまでどのような解決アプローチが取られてきたのかを調査・研究しよう。そして、ヒントが見つかったら、それを手本にし、別の環境で応用すればいい。

医療、教育、公害など、あなたと同じ分野で問題の解決に成功しているソーシャル・ビジネスが見つかった場合は、連絡を取ってみよう。あなたのアイデアを伝え、質問をし、できるだけ情報を仕入れよう。事業計画のコピーを見せてほしいと頼めば、多くの組織が喜んで見せてくれるはずだ。あるいは、既存のソーシャル・ビジネスを広範囲に拡大する〝ソーシャル・フランチャイズ〟とでも呼ぶべき選択肢もあるかもしれない。この模倣、応用、実験、改良というプロセスを通じて、マイクロクレジットはバングラデシュの農村で行なわれていた名もない活動から、五大陸の一億五〇〇〇万以上の家庭の生活を向上させた世界的なムーブメントへと成長したのだ。

また、NGOや従来の利潤最大化企業から学べる点もある。非営利組織の中には、大きな収入源を持っているものもある。そのモデルをソーシャル・ビジネスに転換できるケースも多いだろう。同じように、営利企業の中には、雇用を創出したり、生活を向上させる商品やサービスを販売したりして、恵まれない人々と見事に手を取り合っているすばらしい企業もある。そういった企業のベスト・プラクティスをまねて、個人的利益という要素だけを取り去れば、立派なソーシャル・ビジネスになりうるのだ。

何より、出だしが悪くても気を落とさないこと。一九八一年に最初のデスクトップ・パソコンが発売されたとき、メモリーはわずか256KBだった。現代の安いおもちゃに入っているメモリーよりもはるかに少ない。世界初の自動車は時速八キロという驚くほどの速さだった。ライト兄弟の最初の飛行機は一二秒間しか飛ばず、飛行距離は三六メートルだった。初めはなんでもそうだ。そのうち、さまざまな協力者、ライバル、模倣者が現われる。そして、機能を追加し、巧妙な改良を施して、システムを効率化したり改善したりしていく。ひとつ進むたびに新たな喜びがあり、新たな可能性が開かれる。アイデアはどんどん積み上げられていき、やがては天まで届くのだ。

ソーシャル・ビジネスの進歩もそれと同じだろう。現在の私たちがたたえている驚くべき成功は、一〇年後、二〇年後、五〇年後から見れば幼稚でおかしく見えるかもしれない。未来の人々は、私たちの初期の苦労からすでに多くのことを学んでいるからだ。

そして、このプロセスはどの段階にも価値がある。たとえ今までのソーシャル・ビジネス・モデルを模倣するだけでも十分に価値があるのだ。なぜなら、そのモデルを別の社会環境、顧客層、経済システムに適用できるかどうかがわかるからだ。そして、その方法も知ることができる。さらに、ちょっとした模倣から始まって、はるかに大きな事業に展開することも多い。最初は既存のソーシャル・ビジネスのまねだったとしても、それをさらに効果的に行なう方法があとでわかることもある。その瞬間に、あなたはソーシャル・ビジネスのパイオニアの仲間入りをするのだ。それはまさに身震いする瞬間だ。

もうひとつのモデル——貧しい人々が所有するソーシャル・ビジネス

利潤最大化企業でさえ、貧しい人々に所有権のすべてや大部分を与えれば、ソーシャル・ビジネスに転換することができる。これは前にも述べたとおり、「タイプⅡのソーシャル・ビジネス」だ。グラミン銀行は、借り手である貧しい人々が所有しているため、この部類に入る。グラミン銀行では、銀行業務を通じて得られた利益から、銀行の所有者に毎年配当が支払われている。

貧しい人々は、他者からの寄付でこのソーシャル・ビジネスの株式を手に入れることもできるし、自分自身のお金で株式を買うこともできる。グラミン銀行の借り手は、口座からの少額の自動引き落としという形で、自分自身のお金で株式を購入している。この株式は借り手以外には譲渡できない。

したがって、グラミン銀行の所有権はずっと貧しい人々の手に残ることになる。銀行設立の本来の目的は貧しい人々の利益だからだ。また、所有者は毎年投票で銀行の取締役を選ぶ。取締役会も女性の借り手で構成されており、銀行の全般的な方針を決定する。一方、銀行の日常業務は専門家チームが行なう。

発展途上国に二国間・多国間で寄付を行なっている人々は、簡単にタイプⅡのソーシャル・ビジネスを始めることができる。たとえば、橋を建設するための融資や補助金を出す代わりに、専門のトラストによって所有される「橋会社」を設立するのだ。このトラストは、橋会社が効率的に運営され、利益を上げているかどうかを監視する。そして、上がった利益を利用して、教育、健康、所得増加などのプログラムを実施し、地元の貧しい人々の生活水準を向上させる。あるいは、利益を橋の建設に再投資してもよいし、その両方を行なってもよい。そして、専任の経営陣が企業の運営に当たる。この方法は、一般道、幹線道路、空港、海港、公益事業会社など、多くのインフラ・プロジェクトに用いることができるだろう。

この所有モデルを利用して、既存の営利企業をソーシャル・ビジネスに転換することも可能だ。たとえば、不況の町や村に雇用、収入、経済成長を生み出すという目的で、建設会社を設立するとしよう。会社の所有権は、一帯に住む恵まれない家族（あるいは全世帯）の利益を目的とした専門のトラストに与える。トラストは、会社を直接経営してもよいし、別の会社と経営契約を結んでもよい。現地の失業者を会社の従業員として雇い、地元の建設事業で営利企業と対等に競争する。経営がうまくいけば、このソーシャル・ビジネスは利益を上げ、新しい公立学校や高齢者センターの設立、水道システムの改良、障害者を雇用する社会的企業など、さまざまなプロジェクトの資金源となり、地元の人々に利益をもたらすことができるだろう。

この種のソーシャル・ビジネスが成功するかどうかは近い将来に明らかになる。このあとの章で説明するように、私たちはグラミンとドイツのオットー社の合弁事業として、タイプⅡのソーシャル・ビジネスを設立しようとしている最中だ。

すでに「オットー・グラミン・トラスト」が設立され、工場の建設が進んでいる。また、日本の大手衣料品会社「ユニクロ」とのタイプⅡのソーシャル・ビジネスの計画も大詰めを迎えている。いずれの企業も二〇一一年初頭には生産を開始し、地域の人々にすぐに社会的利益をもたらすだろう。

パートナーと協力する

ソーシャル・ビジネスは少人数から始まることが多い。個人で設立することもあれば、同じ社会問題に関心を持つ友人や同僚が集まって始めることもあるだろう。少人数の場合、ソーシャル・ビジネスのアイデアを具体化するための専門知識、経験、発想、予算、人材が足りないこともある。しかし、そこで二の足を踏んではならない。あたりを見回してパートナーを探そう。

これこそ、グラミン銀行が何度も利用し、大きな成功を遂げてきた手法だ。これまで説明してきたように、グラミン銀行が設立した初期のソーシャル・ビジネスの多くには、合弁事業のパートナーがかかわっている。ダノン、ヴェオリア・ウォーター、ＢＡＳＦ、インテル、アディダスなど、いずれも普段は営利を目的としている会社だ。

ここに挙げた合弁事業は、互いの能力、専門知識、情熱を頼りにし合っている真のパートナーシップといえる。一方が運営の舵《かじ》を取り、もう一方が広報上の信用や名声を高めるために、ただ〝参加〟しているという構図ではないからだ。

私たちは、企業と初めて連絡を取るとき、いきなり幹部同士の話し合いの席を設けるわけではない。相手企業がソーシャル・ビジネスについて混乱や誤解をしないように、まずソーシャル・ビジネスの考え方についておおまかに説明する。パートナー会社の重役を招き、アジアやヨーロッパの各都市で開かれるグラミン・クリエイティブ・ラボ主催のソーシャル・ビジネス・ラボに参加してもらうことも多い（「グラミン・クリエイティブ・ラボ」については今後の章で詳しく説明する）。大事なのは、パートナー会社にソーシャル・ビジネスを正確に理解してもらうことだ。理解してもらって初めて、「ソーシャル・ビジネスでグラミンとパートナーシップを結ぶことに関心がおありなら、喜んでお話をします」と伝えるのだ。

相手が興味を示せば、私たちは協同でビジネス・コンセプトについて議論する。たいていは、パートナーが特別な知識や経験を持っている分野に重点が置かれる。ソーシャル・ビジネスの説明を聞いてすぐさま飛びつく企業もあれば、再考したいと言う企業もある。通常は、相手企業の専門家に何度かバングラデシュに見学に来てもらったあとで、法的拘束力のない「覚書」という形で業務協定を結ぶ。ダッカのユヌス・センターで議論、見学、会合を行ない、ソーシャル・ビジネスに関するセッションを実施して、ソーシャル・ビジネスのあらゆる内容を明らかにする。この予備的な段階を終えると、両者は完全な事業計画を策定し、定款をまとめ、新規事業に資金を投資しはじめるのだ。

このプロセスの目的は、「ゆっくりと」前に進むことだ。お互いが正式な契約を結ぶ前に、約束の内容を十分に理解しておくことが重要だ。これは、ソーシャル・ビジネスのような新しい概念と向き合う場合には特に不可欠だ。私は、パートナー（特に営利の世界から来たパートナー）には、合弁事業の報酬は「人々に仲間として手を差し伸べる満足感」だけだという点をはっきりと認識してほしいと思っている。うれしいことに、これまで私がかかわってきた会社の幹部たちは、ソーシャル・ビジネスの考え方を理解し、支援してくれた。ソーシャル・ビジネスの設立に踏み切るまでもう少し時間がほしいと考える企業でさえ、理解は示してくれた。

その一方で、私は名案が浮かんだらすぐに実行に移すべきだとも考えている。「考えすぎると動けなくなる」という言葉には一理あるのだ。新しい物事を始めるとき、私はできるだけ多くの予備情報を集める。しかし、いったん集め終わったら、思い切ってひとつかふたつ実験を行なうのが一番だ。幸い、私たちのパートナー企業の経営者たちもたいてい身が軽い。経験から言えば、事前にどれだけ念入りな調査を行なっても、ソーシャル・ビジネスの設立直後に起こる問題はたいてい予測できない。したがって、問題点を見つけるには、とにかくビジネスを開始し、自然と明らかになるのを待つしかない。したがって、早く始めれば始めるほど、ビジネス・モデルに必要な修正や改善をすばやく行なうことができるのだ。

貧しい人々の支援に専念する組織と、利潤の最大化に力を注ぐ企業がパートナーシップを結ぶというのは、従来では考えられなかったことだ。価値観も目標もまったく違うふたりがパートナーになるなんて、「おかしなカップル」だと言う人もいる。そう考える人たちは、営利企業にはソーシャル・ビジネスへの興味など本当はないのではないかと疑ってしまう。そして、合弁事業は企業のイメージを向上させ、社会的責任を果たし、一部の幹部が自己満足を得るための見せかけにすぎないのではないかと訝《いぶか》しむのだ。

私は記者たちからよくそう尋ねられる。たとえば、こんな言い回しで。「ダノンがあなたを利用している可能性はありませんか？　ムハマド・ユヌスやグラミン銀行のイメージを利用して、世界の貧しい人々の仲間のふりをしているのかもしれない」つまり、ダノン（あるいはヴェオリア・ウォーター、オットー、ＢＡＳＦ、インテルなど）がソーシャル・ビジネスを支持するのには、何か魂胆があるのではないかと遠回しに尋ねてくるわけだ。そして、企業の評判を高めるために、「ユヌス」や「グラミン銀行」の名前を〝利用〟することに怒るべきだと言いたいのだろう。

私はこの点についてはあまり深く立ち入らないようにしている。なるほど、パートナー企業の行動はいかようにも解釈できる。ダノンの幹部が合弁事業にどのくらい乗り気なのかは、誰にもわからない。彼らが参加するのは、社会的な目標のためなのか、企業の評判を高めるためなのか、企業の社会的責任を果たすためなのか。それとも、世間の人々から立派なロール・モデルを求められているからなのか、自社に誇りがあるからなのか。あるいは、その複雑な組み合わせからなのか。本心は誰にもわからない。しかし、はっきり言って、私は初めてダノンのCEOのフランク・リブーと顔を合わせたとき、そんな疑問は持たなかった。私がバングラデシュの子どもたちを助けるソーシャル・ビジネスをしないかと提案したとき、彼は心から興味を持ったようだった。私はその姿に心を揺さぶられた。だから、ほかのことはどうでもよかった。

したがって、ダノンが私を〝利用〟しているのではないかという記者の問いには、こう答える。

「そうですか？　私がダノンを利用しているのだとばかり思っていましたよ。ダノンのような大企業に参加してもらえるだけで、ソーシャル・ビジネスが取るに足らない考え方から、ヨーロッパ中のビジネスマンが知りたがる立派な概念にたちまち変わるのですから。だから、ダノンを利用してアイデアを売り込んでいるのは私の方です。でも、あなたの言うように、本当にダノンが私を利用しているというなら、ぜひとも世界にこうお伝えください。どうぞ、いつでも私を利用してください！　私を利用したいと思う人は大歓迎ですよ。善なる目的のためなら」

そして、その善なる目的というのはソーシャル・ビジネスのことだ。

もちろん、グラミン・ダノンやグラミン・ヴェオリア・ウォーターとの合弁事業では、パートナー企業の資産から大きなメリットを得ている。特に、企業が持っているビジネスの専門知識だ。しかし、これらの合弁事業にはもうひとつの大事なメリットがある。私たちのパートナー企業や、さらにはビジネス界全体に与える影響だ。

たとえば、ソーシャル・ビジネスはダノンやヴェオリア・ウォーターの従業員に影響を及ぼしている。両社の幹部の話によれば、従業員たちは自分の会社が先進的なビジネスの実験にかかわっていると知って非常に興奮しているという。従業員が廊下で幹部を呼び止め、グラミンとの合弁事業の状況を尋ねたり、支援を申し出たり、プロジェクトへの参加を希望したり、次のソーシャル・ビジネスの開始はまだかと聞いたりするようになった。また、社外の人々に会社を説明するとき、ソーシャル・ビジネスの話題を誇らしげに語るようにもなった。企業の求人に応募した新卒学生からは、ソーシャル・ビジネスについて尋ねられることも多いという。さらに、ＢＡＳＦのＣＥＯ、ユルゲン・ハンブレヒトは、二四五人の重役たちに向けて、二〇〇八年九月の年次本社会議までに私の著書を読むよう通達した。私はその会議に招かれ、幹部たちの質疑応答に応じた。

このような個人への影響は、ソーシャル・ビジネスそのものよりもずっと後世まで残るものなのだ。たとえば、ヴェオリア・ウォーターが「業務が多忙になったため、グラミン・ヴェオリア・ウォーターの事業を中止します」と宣言したら、どうなるだろうか？　まず、グラミンは貧しい人々に飲料水を届ける活動そのものは続けるだろう。なぜなら、ヴェオリア・ウォーターとの業務提携を通じて、ビジネスの仕方を十分に学んだからだ。しかし、それだけではない。おそらく、グラミンと仕事をしてきたヴェオリア・ウォーターの従業員の中から、会社の金銭的なサポートがなくても、引き続き知恵や手を貸してくれる人が現われるに違いないと私は思っている。それはダノンでも同じだ。

ヴェオリア・ウォーターやダノンは企業だが、その企業を成すのは人間だ。私たちはビジネス界を変えるだけでなく、ビジネスにかかわる人々の心をも変えようとしているのである。

といっても、私はヴェオリア・ウォーターやダノンがいずれソーシャル・ビジネスに生まれ変わると言っているわけではない。私たちは営利企業と手を取り合い、もう一本の並行する道を描いているだけなのだ。ソーシャル・ビジネスという道を。この道に進む流れは独自の勢いを得ていくだろう。そして、その勢いを強めていくのは、合弁事業のパートナーの人々の体験だ。いつか、営利事業から身を引き、自分のソーシャル・ビジネス・ベンチャーを興す人がその中から生まれるかもしれない。そして、ヴェオリア・ウォーターやダノン（あるいはそのほかのパートナー企業）に残った人々も、ソーシャル・ビジネスの価値観や創造的思考をますます日常の営利活動に活かすようになるかもしれない。そして、「新商品を貧しい人々に届けるために何ができるか？」、「ビジネスをより社会的・経済的に持続可能にするにはどうすればいいか？」、「私たちの新工場は近隣地域の住民にどのような利益を生み出せるか？」といった今までにない疑問を持つようになるだろう。少しずつ、従来型のビジネスにソーシャル・ビジネスの影響が染み渡っていくかもしれない。

私はダノンがソーシャル・ビジネスに生まれ変わるとは思わない。しかし、いつの日か、ソーシャル・ビジネス専門の新会社（たとえば、「ダノン・ソーシャル」）が誕生しても、私は驚かないだろう。私は、グラミンと企業とのパートナーシップからそのような長期的影響が生まれても不思議ではないと思っている。

したがって、企業とパートナーシップを結んでソーシャル・ビジネスを設立することには、実利的な価値だけでなく、それよりもはるかに大きなメリットがあるということだ。

以下に、ソーシャル・ビジネスを設立する際にパートナーとして検討すべき組織の例を挙げておく。

- **ほかのソーシャル・ビジネス。** そのソーシャル・ビジネスの既存のモデルを模倣、応用、拡大する。
- **NGOや慈善団体。** 新しいソーシャル・ビジネスを設立して、NGOの今までの業務を補足・強化する。
- **投資家。** 投資を通じて社会貢献をしたいと考えている個人、会社、投資ファンド、慈善財団、行政機関。
- **技術パートナー。** ソーシャル・ビジネスの成功に欠かせないテクノロジー製品や専門知識の販売やライセンス供与を行なうパートナー。あるいは、プロジェクトに参加し、テクノロジー面で貢献するパートナー。
- **生産パートナー。** 生産品の原材料や、販売可能な完成品を提供するパートナー。
- **人材パートナー。** 社会貢献に人生を捧げたいと思っている優秀な人材を斡旋《あっせん》する機関。または、重要な専門知識を持つ教授や学生を紹介する大学など。
- **流通パートナー。** NGO（貧しい顧客に商品を販売する場合）、従来型の利潤最大化企業（裕福な顧客に商品を販売する場合）、またはインターネット販売業者（地理的に分散していて、インターネットが利用できる顧客に商品を販売する場合)。

●**モニタリング・パートナー。**ソーシャル・ビジネスの成果を定義・測定する組織。あなたが取り組もうとしている分野に精通する非営利組織、シンク・タンク、大学チームなどが考えられる。モニタリングがしっかりとしていれば、投資家やパートナーにビジネスの価値を納得してもらいやすい。

もちろん、あなたのニーズや能力、状況の変化に応じて、数種類のパートナーと協力することもあるだろう。パートナー組織とクリエイティブで前向きな関係を作り、保ちつづける能力が、成功するソーシャル・ビジネスの条件のひとつとなるだろう。

人材を惹きつける

どんなに小さなソーシャル・ビジネスにも従業員が必要だ。ビジネスが成長するにつれて、さらに多くの人材が必要になる。すると、こんな疑問が浮かぶ。ソーシャル・ビジネスに必要な人材と、利潤最大化企業に必要な人材は違うのか?

私は、この疑問の答えは、さらに深い疑問の答えに左右されると思っている。世界に影響を与えたいという欲求は、金儲けの欲求と同じくらい強いものなのか?

私は、人々の生活を変えるのは、金儲けと同じくらい(あるいはそれ以上に)やりがいや満足感を伴うものだと思っている。試してみてほしい。自らの手で住みよい世界を作ることにすっかり夢中になってしまうかもしれない。そして、もっと早く、もっとたくさんしたくなるだろう。ふと気がつけば、夜遅くまで起き、明日の朝一番に何をしようかと思いを巡らしているはずだ。ソーシャル・ビジネス起業家の多くは、営利企業の起業家と同じくらい成功にこだわりを持っている。違うのは「成功」の定義だけなのだ。

　多くの人々が、ソーシャル・ビジネスの従業員の給与はよくないと思い込んでいる。「ソーシャル・ビジネスで高い給与なんて期待できるはずがない。なんといっても、ソーシャル・ビジネスの目的は人助けだ。だから、従業員を惹きつけるには、社会的利益のためなら進んで自己を犠牲にする〝善人〟に訴えかけるしかない」と。

　これはソーシャル・ビジネスを完全に誤解している。ソーシャル・ビジネスは給与が低いどころか、むしろ高いのだ。

　まず、ソーシャル・ビジネスは、営利企業と同じ労働市場から人材を惹きつける必要がある。ということは、一般企業に匹敵する給与や福利厚生を与えなければならない。ソーシャル・ビジネスに優秀な経理担当者、マーケティング部長、製造責任者が必要なら、銀行、自動車メーカー、コンピューター会社と同じ待遇を与えなければならない。

　この基本的な条件さえ満たされれば、ソーシャル・ビジネスから得られる個人的な報酬は実際には従来型の企業を上回るのだ。

たとえば、経理担当者が営利会社とソーシャル・ビジネス企業から声をかけられたとしよう。給与、福利厚生、肩書きや責任はどちらも同じだとする。

おそらく、ほとんどの人はこんな比較をするだろう。「ふたつの仕事の違いは何か？　主な違いは、ソーシャル・ビジネスには世界を変えるチャンスがあるということだ。問題を生み出す立場ではなく、解決する立場に回れる。本当なら未解決なままのはずの問題を自分が解決しているという満足感を抱いて、毎日職場から帰宅できるだろう。世界に影響を与えているという充実感も得られる。金銭的な報酬が一緒なら、ソーシャル・ビジネスの方がいい」

私は、ソーシャル・ビジネスを実際に設立・運営し、成長させてきたひとりのビジネスマンの現実的な視点から書いている。グラミン銀行をはじめとして、私が携わったソーシャル・ビジネスでは、先進企業に対抗するため、頭脳明晰で勤勉な才能ある従業員を雇用して維持するという難問にずっと取り組んできた。しかし、幸いなことに、一流の人材を惹きつけるのに苦労したことはない。どんな会社でもそうだが、確かに二年や三年という短期間で会社を去っていく人もいる。しかし、大半の人々はソーシャル・ビジネスに生涯を捧げている。

グラミン銀行の幹部の中には、大学院生のときにチッタゴン大学で私の経済学クラスを受講していて、そのときからつき合いが続いている人もいる。当時、貧しい人々にお金を貸しつけるという私たちの取り組みなど、おかしな考えとしか思われていなかった。それからおよそ三〇年が過ぎたが、彼らはいまだに私のチーム・メンバーだ。そして、みなと同じように、家族を養い、子どもを大学に入れ、家を買い、老後の蓄えをしている。ソーシャル・ビジネスに携わるからといって、聖人である必要も自己を犠牲にする必要もないのだ。住みよい世界を作りたいという気持ちがあればそれでいい。そして、その気持ちは地球上の誰の心の中にもあると私は思っている。

ソーシャル・ビジネスを計画する

ソーシャル・ビジネスは、一般的な企業と多くの点で似ている。従業員と上司がいて、顧客と業者がいる。市場が魅力的と感じる価格で商品やサービスを提供している。回収すべき経費、支払うべき給与や賃料がある。現実的で実用的な事業計画を立てるには、これらの金銭的パラメーターを正確かつ入念に練らなくてはならないのだ。

したがって、ソーシャル・ビジネスの計画は利潤最大化企業の計画と多くの共通点がある。ビジネスを開始する前に事業計画を策定し、事業の目的やその実現方法をまとめる必要がある。小規模で単純なソーシャル・ビジネスの場合には、ごく基本的な事業計画でもかまわない。事業内容を説明する数ページのメモや数字だけですむだろう。しかし、より複雑なビジネスの場合は、より長く、詳細で、複雑な計画が必要かもしれない。銀行や外部投資家から融資を得るには、詳細な事業計画が欠かせないだろう。

本書では、事業計画の作成方法について詳しく説明するつもりはない。そして、私は幅広いビジネス経験がソーシャル・ビジネスを始める必須条件だとは思っていない。

つまり、「ビジネスのノウハウ」を知っている必要はないのだ。それより重要なのは、社会問題を解決したいという情熱だ。なるほど、ビジネスの実践的な知識は役に立つだろう。しかし、経験がないなら、やりながら学べばいい。できれば助言や支援をくれる指導者、投資家、パートナーがいるといいだろう。だが、染みついたビジネスの知識がソーシャル・ビジネスではかえって裏目に出る場合もある。方向性を見誤ってしまう危険性があるからだ。社会的利益を顧みずにコストの削減や業務の最適化を図ろうとしたり、消費者にあまり利益のない商品を巧みに売りつけようとしたり、ライバルつぶしに躍起になったりしてしまうかもしれない。ソーシャル・ビジネスの目的は、利潤を最大化することでも、ライバルをつぶすことでも、成長のために成長することでもない。巧みな財務方針や経営方針を打ち立て、社会に利益をもたらすことだ。したがって、適切なビジネス・ツールを持っていることよりも、まっとうな動機や、ビジネスをやり遂げる熱意を持っていることの方が重要なのだ。

とはいえ、事業計画は非常に重要だ。途中で修正するのはかまわないが、計画なしで始めてはいけない。あなたがビジネスの初心者なら、まずはソーシャル・ビジネスの世界を見渡し、既存のモデルを手本にすることをお勧めする。実績のある事業計画をまねるのは比較的簡単だ。最初のベンチャーで何もかも一から始める必要はないのだ。

新しいモデルであれ、誰かのモデルの模倣であれ、事業計画では次の基本的な事項を押さえておく必要がある。

- 提供する商品やサービス
- その商品やサービスの提供方法
- 対象とする顧客
- 顧客の数
- 顧客が購入を判断する基準
- 顧客が商品やサービスに支払える料金
- 競合相手
- 商品やサービスのマーケティング、流通、広告、販売、促進方法
- ビジネスの開始に必要な初期投資
- 必要経費の月額（賃料、給与、福利厚生、光熱費、消耗品費、交通費など）
- ビジネスの成長に伴う経費の変動
- 設立から一カ月間（半年間、一年間、三年間）で期待できる現実的な売上高
- 右記の数字に基づき、損益分岐点売上高を実現できそうな時期
- 企業の設立資金（投資ファンドやローン）の返済期間

これらの疑問の答えは、どのような事業計画でも明確にしなければならないものだ。しかし、ソーシャル・ビジネスの場合には、さらに以下の疑問にも答える必要がある。

- 社会的目標（ソーシャル・ビジネスで誰を助けるか）
- 社会的利益
- ビジネスで恩恵を受ける人々がビジネスの計画や開発にどう参加するか
- ソーシャル・ビジネスの成果の測定方法
- 半年後（一年後、三年後）に実現する社会的目標
- ソーシャル・ビジネスが成功した場合の普及・拡大方法
- 提供する商品やサービスに付加できるそのほかの社会的利益

この追加の疑問を見てもわかるように、ソーシャル・ビジネスは従来の利潤最大化企業よりもさらに効果的な運営が必要だ。なんといっても、ソーシャル・ビジネスの方が実現すべき目標が複雑で厄介だ。さらには重要性も高い。

従来型の企業の事業計画とソーシャル・ビジネスの事業計画には、ほかにも決定的な違いがいくつかある。

そのひとつは、ソーシャル・ビジネスの計画には責任が伴うという点だ。ソーシャル・ビジネスでは、環境負荷を最小限に抑えながら、誰ひとり傷つけることなく社会的目標を実現しなければならない。

私たちは、この原則をグラミン・ダノンの合弁事業で実践している。ボグラのヨーグルト工場には、リサイクル施設や太陽光発電など、〝グリーン〟な機能が取り入れられている。さらに、私はプラスチックではなく生物分解できるヨーグルト容器を開発するよう訴えた。ダノンの専門家は、かなりの時間をかけてこの要求と格闘し、ようやく完全に生物分解が可能なコーンスターチ容器を製造している中国のメーカーを探し出した。

私は喜んだが、そこで満足しなかった。コーンスターチ容器を見てこう尋ねたのだ。「これは食べられますか？　どうして捨てるだけの容器に貧しい人々がお金を払おうと思うでしょう。食べられる容器を開発できませんか？　ヨーグルトを食べ終わったあと、容器まで食べられれば、子どもたちはもっと栄養を取れると思うのですが」パリのダノン研究チームは、この目標の実現に取り組んでいるところだ。私はきっと成し遂げてくれると思う。そしていつか、食品パッケージの常識をくつがえす日が訪れるだろう。

もちろん、どのような企業も、最低限の社会的責任を果たす必要がある。企業が必ず従わなければならない法律や規制、ビジネスマンが必ず守らなければならない倫理規範がある。しかし、ソーシャル・ビジネスの責任は従来型のビジネスよりもはるかに重い。顧客やニーズを理解することはいっそう重要になる。なんといっても、ソーシャル・ビジネスの目的は、貧困、栄養不足、病気、教育不足、ホームレスといった問題を解決することだ。問題全体を解決できなくても、世界を正しい方向に動かす義務がある。しかも、事業を通じて別の問題を生み出してはならない。したがって、従業員から搾取したり、環境を汚染したり、欠陥商品や危険商品を販売したりするソーシャル・ビジネスは、同じことをする従来型のビジネスよりもはるかに罪が重いのだ。

また、長期的に持続可能なソーシャル・ビジネスを構築することも重要だ。その目的は、人々に継続的な利益を届けるということだ。特定の状況下や一定期間しかビジネスを継続できないなら、より堅実な解決策を探す必要がある。ソーシャル・ビジネスも、従来型のビジネスと同じように失敗する場合がある。しかし、ソーシャル・ビジネスには特別な責任がある。地域がいったんそのソーシャル・ビジネスを頼りにするようになったら、その信頼を裏切ることは許されない。したがって、ソーシャル・ビジネスでは、新興企業と同じくらい（あるいはそれ以上）の知恵、経営手腕、努力、熱意、勤勉さが求められるのだ。

千里の道

私は、ソーシャル・ビジネスを設立しようとしている人に対して、たいてい小さなビジネスから始めるよう勧めている。シンプルなビジネスは運営しやすいし、パイロット・プロジェクトの教訓や経験を活かして事業計画の改良や改善を行なうことができるからだ。しかし、もっと重要なのは、とにかく始めることだ。ソーシャル・ビジネスを始めて数日や数週間が経てば、新しい可能性が開けてくる。そうすれば、人を助ける喜びを垣間見ることができるだろう。たとえ相手がたったひとりでも。

古いことわざに、「千里の道も一歩から」という言葉がある。まずは一歩を踏み出そう！　千里の道についてあまり悩んではいけない。一歩、また一歩と歩みつづけていれば、あとはどうにかなるものなのだ。

効果的なモデルを探し出そう。そのためには、何度も実験が必要になるかもしれない。人々に力を与え、経済的に持続可能な方法で社会問題を解決しているという満足感が得られるまで、ビジネス・モデルを改良しつづけよう。必要に応じて内容を修正したり、アイデアを撤回して一からやり直したりすることだってできるのだ。あまり悩みすぎないこと。ソーシャル・ビジネスの歴史はまだ浅い。あなたは改革者でありパイオニアでもある。やたらに骨の折れる仕事をしている。気がつけば、誰も立ったことのない場所にいることもあるだろう。成功への近道はない。根気よく粘り、情熱を失わないこと。効果的なモデルを見つけるまで数年かかるかもしれない。それまでの一瞬一瞬が学習なのだ。

しかし、挑戦する価値はある。偉大なモデルを築き上げれば、数多くの潜在顧客がそのモデルを成長させ、数多くの起業家がそのモデルを手本にしてほかの場所で実践しようと思うだろう。そうすれば、活動の規模は一気に拡大し、莫大な影響を与えられるようになる。多くの人々の生活が変わるだけでなく、社会や経済の構造そのものまで変わるかもしれない。同じことに取り組んでいる人々が集《つど》えば、力を合わせて壮大な目標を目指すことができる。貧困に終止符を打ち、持続可能な生活を築き、社会から疎外された人々に力を与え、病気を根絶することができる。その可能性は計り知れない。必要なのは、一歩を踏み出す勇気だけなのだ。

第四章　ひとりの子どもを救うために――医療分野のソーシャル・ビジネスの事例

私たちの大半は生まれつきせっかちだ。なんでもすぐに解決しようとする。中でも、貧困、病気、飢餓、ホームレス、迫害など、何世紀も人類を苦しめてきた世界規模の巨大な問題に対しては特に焦りがちだ。このような問題を気にかける人たちは、時に悲惨な数字に目を向け、問題を一夜にして解決できる計画を練ろうとする。「貧困に苦しむ人は数十億人。飢餓、水不足、病気に苦しむ人は数億人。人類はあまりにも長くこういった問題に苦しめられてきた。一日でも早く解決すべきではないか」と。

この考え方は理解できなくもない。それどころか感心すべきだ。しかし、問題を一度に解決しようとするよりも、対処できる大きさに細分化する方が現実的な場合もある。数百万の人々をいっせいに助ける巨大計画は、暴走することも多い。一歩ずつ準備を整えないと、「大胆な発想」は大惨事のもとになりかねないのだ。

ソーシャル・ビジネスについて若者と話し合うとき、私は若者の焦りを否定しようとはしない。私たちが生み出し、仲間の人類に課してきた残酷な社会問題に焦りを感じるのはごく当然のことだ。しかし、焦るなら違う方法で焦りなさいと私は言っている。世界を一変させる巨大計画を練るのではなく、一度に二～三人に手を差し伸べるような「小さな計画」から始めるよう伝える。そして、その計画の改良、構築、資金調達に数カ月や数年を費やすのではなく、今すぐ実行に移し、実践しながら学びなさいと伝える。小規模なプロジェクトを実施すれば、うまく機能している部分、まったく機能していない部分、改良できる部分が見つかるだろう。さらに、プロジェクトの実施中に、予想もしていなかった出来事が起こる場合もある。そうしたすべての経験を活かしながら、計画を改良していけばいいのだ。

そうすれば、数人の生活を見事に改善することのできるソーシャル・ビジネスが生まれるだろう。それは、一回、二回、一〇回、一〇〇回、一〇〇〇回と繰り返し蒔くことができる種のようなものだ。巨大な目標の実現は、小さな基本部品を設計できるかどうかにかかっている。その部品がいくつも組み合わさって、巨大な計画になるのだ。そのような種を設計することは、巨大な問題を解決する上で重要だ。

種が完成したら、次に重要なのは、種を何倍にも増やす事業構造を築き、指数関数的な右上がりの成長曲線へと導くことだ。そうすれば、いつか世界の数億人の問題を解決する世界的変化の芽が吹き出すかもしれない。

小さな計画から始めるメリットとは、学生、主婦、若き企業幹部、現役のCEOや元CEO、失業者、退職者、学者、労働者など、誰もがソーシャル・ビジネスに参加できるということだ。小さなソーシャル・ビジネスの計画を立て、数人の協力を得て実行すれば、どんな経歴の持ち主でも創造力を発揮できるのだ。

本書で紹介した事例を読むと、「ダノン、ヴェオリア・ウォーター、BASF、オットー、インテル、アディダスのような経験、予算、人材の豊富な大企業をパートナーにしなければ、ソーシャル・ビジネスを始められないのではないか」という印象を受けるかもしれない。これらの事例が示しているのは、実利重視の巨大な世界的企業でさえも、ソーシャル・ビジネスを魅力的な考え方だととらえているということだ。しかし、ソーシャル・ビジネスの真のパワーは別のところにある。個人や少人数でも、大企業よりはるかに少ない予算で小さなビジネスを始め、ゆくゆくは世界的に影響を与えるビジネスに成長させるチャンスがあるということだ。

そして、どうすれば最終的に最大級の影響を与えられるかなど、やってみなければわからない。何度も述べるように、私がグラミン銀行を始めたきっかけは、数百万人に金融サービスを提供する事業計画ではなく、ジョブラ村の四二人に貸した合計二七ドルのポケット・マネーだった。だから、まずは小さく始めてみよう。それも、今すぐに。やりながら学べばいい。そして、適切なモデルが見つかるまであきらめてはいけない。

本章では、イタリアのふたりの若者が始めた小さなソーシャル・ビジネスのエピソードを紹介する。

医師のローレンス・フォークナーと起業家のエウジェニオ・ラ・メーサは、数人の友人や支援者とともに、「キュア・トゥ・チルドレン（Cure2Children）」というNGOを設立した。これは、世界でもっとも致命的な遺伝病のひとつである「地中海貧血《サラセミア》」と闘う団体だ。二〇一〇年後半には、「キュア・トゥ・チルドレン」と「グラミン・ヘルスケア・トラスト」のパートナーシップに基づき、ソーシャル・ビジネスの合弁事業が開始される予定だ。

ふたりの旅は、短くてつらい生涯を課された子どもたちに医療サービスを提供することから始まった。その成果はすぐに表われた。そして、その長期的な可能性は計り知れない。

地中海貧血という病気は耳慣れないかもしれない。地中海貧血は重度の遺伝病で、不運にも病を発症した子どもの血液に深刻な影響を及ぼす。鎌状赤血球貧血と同じように、地中海貧血も劣性遺伝子によって引き起こされる。地中海貧血の遺伝子をひとつしか持たない人は症状が表われないので、遺伝子を持っていると気づかないことも多い。しかし、母と父の両方にこの遺伝子があると、子どもは四分の一の確率で地中海貧血の遺伝子をふたつ受け継ぐ。その子どもは、生後数カ月以内に貧血を発症するのだ。生き伸びるには、輸血を繰り返すしかない。そして、貧困国では、この処置を行なっても成人するまで生きられる患者はほとんどいない。

地中海貧血は遺伝病なので、特定の人口集団で顕著に見られる。かつては地中海沿岸のイタリア、ギリシャ、スペインで蔓延したが、現代では遺伝子検査の発達により、ヨーロッパなどの富裕国ではほぼ姿を消した。地中海貧血は簡単な血液検査で判明するため、ヨーロッパやアメリカの妊婦は必ず地中海貧血の遺伝子検査を受ける。お腹の中の赤ちゃんに地中海貧血が判明すると、妊婦は治療的中絶を選ぶことができる。それ以前の段階でも、結婚予定の夫婦は地中海貧血の遺伝子検査を受けるのが普通だ。陽性と判明すると、子どもを作らずに養子を取るよう勧められる。

遺伝子検査によってヨーロッパとアメリカで地中海貧血がほとんどなくなった今、病気が見られるのは主に発展途上国だ。特に、南アジアではこの遺伝子を持っている人の割合がかなり高い。南アジアの一部では、頻繁な近親婚が問題を悪化させている。地中海貧血の家系では、母親と父親がともに遺伝子を持ち、子孫に受け継がれる可能性が極めて高いのだ。

今日のバングラデシュでは、およそ一〇万人の子どもが地中海貧血に苦しんでおり、毎年六〇〇〇～七〇〇〇人が新たに発症している。もちろん、地中海貧血はバングラデシュの多くの子どもを苦しめている問題のひとつにすぎない。しかし、地中海貧血の子どもを持つ家庭は、想像を絶する苦しみを味わっているのだ。

これは遺伝子検査で十分に解決できる問題だ。遺伝子検査はヨーロッパや北米で有効性が証明されており、南アジアなどの諸外国でも効果があることは間違いない。遺伝子検査の普及を妨げているのは、貧困、医療やカウンセリングの不足、認知不足だ。しかし、断固たる努力をすれば克服できない問題ではない。

また、すでに地中海貧血に苦しんでいる人にも治療が必要だ。といっても、輸血による苦痛緩和治療ではなく、根本的な治療だ。世界各国で根本的な治療の開発実験が行なわれているが、一九八四年にイタリアの優秀な医師、グイド・ルカレッリがひとつの治療法を考案した。

ルカレッリ医師は、適合するドナーの成体幹細胞を用いれば、地中海貧血に苦しむ患者に完全な骨髄移植を実施できるケースもあることを発見した。移植手術は時間を要する上に、大がかりで難易度が高く、身体にも負担がかかる。さらに、手術が終わると、患者は回復のため平均で四五日間も入院しなければならない。しかし、ほかに持病がない低リスクの患者の場合、きょうだいに適合者がいれば手術で地中海貧血が完治することも多い。その後の輸血は不要になり、通常の生活を送ることができる。死刑判決は撤回されるわけだ。まさに医学の奇跡といえよう。

ローレンス・フォークナー医師は、この新しい移植手術をルカレッリ医師本人から学んだ。イタリアのフィレンツェに生まれたフォークナー医師は、フィレンツェ大学、ニューヨーク州ブルックリン区のロングアイランド大学病院、ニューヨーク市のスローンケタリング記念がんセンターで教育を受けたあと、イタリアに戻り、移植手術や医師の移植技術研修を行なう世界最先端のセンターを設立した。彼は地中海貧血だけでなく、さまざまな病気を持つ患者に治療を行なっている。特に、白血病など、血液関連のがんの治療に力を注いでいる。

フォークナー医師が発展途上国の地中海貧血の治療に興味を持ったきっかけは、ふたりの患者を襲った悲劇だった。

神経芽腫《しんけいがしゅ》という珍しいがんに侵されたふたりの幼い子どもが、フォークナー医師たちの数カ月間に及ぶ治療もむなしく、この世を去ったのだ。当然ながら、両親は悲しみに打ちひしがれた。しかし、親たちはその悲しみをバネにしようと決意した。両親は数カ月間の治療ですっかり親しくなったフォークナー医師のもとを訪れ、こう尋ねた。「フォークナー先生、ほかの家族に同じ思いをさせたくはありません。何か私たちにできることはありませんか？」

彼には考えがあった。「イタリアの患者の家族を支援する基金を立ち上げるというのもひとつの手です。でも、別の提案があります。貧困国で珍しい血液の病に苦しんでいる貧しい子どもたちに、医療サービスを提供する組織を作ってはどうでしょう？」

フォークナー医師の提案は単なる利他心に基づいていたわけではない。その裏には重要な科学的動機があった。発展途上国には、医療サービスを受けられない病気の子どもがたくさんいる。命をむしばむ珍しいがんや血液疾患の多くは、インドの農村、バングラデシュのスラム、アフリカのジャングルなど、発生する場所がばらばらなので、治療や研究が進んでいない。こういった病気は、当事者の家族にとってはもちろん悲劇だが、医師や科学者にとっては貴重な症例でもあるのだ。

「神経芽腫を例に取りましょう」とフォークナー医師は家族に説明した。「イタリアでは非常にまれな病気です。患者は年間五〇名ほどしかいません。ですから、治療法を改善するための知識ベースを築くのがとても難しいのです。

しかし、発展途上国では、神経芽腫の数千の症例があると考えられています。ですが、患者は数百の場所に分散していて、地元の病院の医師がそれぞれ治療に当たっています。ですから、経験や知識を共有するすべがないのです。

発展途上国の貧しい人々に医療を拡大すれば、双方にメリットがあります。病気に苦しむ人々は支援や治療を受けられる。一方、われわれはいまだ謎の多い奇病について膨大な量の情報を集められるのです」

親たちはその意味を汲み取り、すぐさま賛成した。すると、イタリアの大手銀行の関連財団から資金援助の申し出があった。フォークナー医師は一年間の長期休暇を申請し、フィレンツェでの日常業務を離れた。そして二〇〇七年一月、彼は「キュア・トゥ・チルドレン」という組織の設立準備を始めた。これは、珍しいがんや血液病の治療法を研究・開発し、世界中の子どもたちに医療サービスを届ける非営利組織だ。

もうひとり、フォークナー医師の活動を形作る上で大きな役割を果たした人物がいる。フィレンツェの小児病院で子どもの治療を行なっていたフォークナーのもとには、世界中の親たちが一流の専門家に診てもらおうと子どもを病院に連れてきていた。その子どもたちの中に、地中海貧血に苦しむパキスタンの女の子がいた。その女の子のきょうだいには適合ドナーがいなかったため、彼は同僚のピエトロ・ソダニ医師と力を合わせ、母親をドナーにするという画期的で高リスクな方法を用いて、女の子に移植手術を行なった*。

この難手術は見事に成功し、女の子の命は助かった。治療を通じてふたりの医師と女の子の両親は親しくなっていった。偶然にも、女の子の母親は医師だった。そこで、フォークナー医師は発展途上国に珍しい血液疾患の最先端治療を届けるという計画を打ち明けた。すると、両親はすぐさまこう答えた。「パキスタンこそ、そのプロジェクトにうってつけの場所です。地中海貧血を主な治療対象にしてはどうでしょうか」現在、女の子の母親であるサダフ・ハリド医師は、キュア・トゥ・チルドレンのパキスタン支部のトップに就任している。一方の父親はパキスタン内務省で働いている。

パキスタンでこのプロジェクトを開始するというのは、フォークナー医師にとって大胆な決断だった。彼はフィレンツェの小児病院でアジアの患者の治療を行なってきたため、ある程度の異文化理解はあるつもりだったが、実際に発展途上国で働いた経験はなかった。しかし、アメリカでの研修やフィレンツェでの業務、そして世界屈指の移植サービスや研究所を一から築き上げてきた経験を通じて、医療制度について貴重な理解を得ることができた。技術のアメリカと人間味のイタリア。民営のアメリカと国営のイタリア。それぞれの医療制度の長所や短所を知ることができた。そこにパキスタンのふたりの医師の協力が加わって、いよいよ彼は動き出す覚悟を決めたというわけだ。

現在、キュア・トゥ・チルドレンはパキスタンで地中海貧血の治療を行なっている。イスラマバードにあるパキスタン医科学研究所の小児病院には、寄付金によって骨髄移植専門の病棟が設置され、二床のベッドが設けられた。初期費用はわずか二万五〇〇〇ユーロ（約三万五〇〇〇ドル）で、運営費も非常に安上がりだ。看護師や技術専門家など、一五名のスタッフがこの施設で働いているが、月給は合計で約四〇〇〇ユーロ（約五六〇〇ドル）にすぎない。つまり、驚くほど低予算で命が救われ

＊ソダニやフォークナーをはじめとするフィレンツェの医師や研究者は、この新しい治療の開発を続け、二〇一〇年にアメリカ血液学会の発行する医学誌『ブラッド』に画期的な論文を発表した。

ているということだ。

現在、パキスタンに推定五万人の潜在患者がいることを考えれば、まだまだ活動の規模は小さい。二〇〇九年一二月の時点で、フォークナー医師のチームは二〇回の移植手術を行ない、イタリアと同等の成果を得ている。今後は、全国の病院でこのような病棟が開設されていくだろう。やがては、治療の必要なパキスタンの子どもたち全員に、命を救う手術が行なえるようになるはずだ。

念のために述べておくが、パキスタンやコソボでのキュア・トゥ・チルドレンの活動は、ソーシャル・ビジネス・モデルに従って行なわれているわけではない。キュア・トゥ・チルドレンは、慈善的な寄付に頼る従来型のNGOだ。

現在、キュア・トゥ・チルドレンは、グラミン・ヘルスケア・トラストと協力し、ソーシャル・ビジネスの枠組みでバングラデシュに救命技術やテクノロジーを普及させる準備を行なっている。ソーシャル・ビジネス・モデルを利用するという考えが持ち上がったのは、キュア・トゥ・チルドレンの若きCEO、エウジェニオ・ラ・メーサが『貧困のない世界を創る』を読んだのがきっかけだった。ソーシャル・ビジネスという新しい考え方に心を惹かれた彼は、私に電子メールを送ってきた。そのメールには、キュア・トゥ・チルドレンのパキスタンでの活動内容が記されており、ソーシャル・ビジネスとしてバングラデシュに活動を展開するために力を貸してほしいというメッセージが書かれていた。メールの一節を引用しよう。

キュア・トゥ・チルドレンは、深刻な病気（主に地中海貧血）に苦しむ発展途上国の貧しい子どもを救うのに、イタリアの寄付者から資金を募っているため、現在のところソーシャル・ビジネスではありません。ですが、あなたの提唱されたソーシャル・ビジネスという考え方に深く共感し、何かできないかと思うようになりました。特に、発展途上国の医療に対して。キュア・トゥ・チルドレンをソーシャル・ビジネスとして運営する方法について、何かアイデアがおありでしたら、ぜひ教えていただけないでしょうか。私ももう少し考えてみたいと思います。

私はすぐにメールを返信した。

メールをありがとうございます。ちょうど私たちは、バングラデシュでソーシャル・ビジネスを設立し、医療サービスを提供するという大がかりな取り組みを行なおうとしているところです。バングラデシュで地中海貧血の治療を始めるという貴殿の提案は、それにうってつけです。ぜひ詳しく話し合いましょう。

その後、彼の団体とグラミン・チームの間で、何度ものメールのやりとり、話し合い、会議が行なわれた。現在、私たちはキュア・トゥ・チルドレンとグラミン・ヘルスケア・トラストの合弁事業として、バングラデシュで地中海貧血の治療を行なうソーシャル・ビジネスの設立準備を始めている。

しかし、骨髄移植を持続可能なビジネスにするにはどうすればよいだろうか。特に貧しい人々が多くを占めるバングラデシュで。それには、創造力や入念な計画が必要だろう。

このサービスを経済的に自立させるキー・ポイントは、内部相互補助だ。裕福な家庭に骨髄移植手術の標準料金を支払ってもらうことで、ほとんど（あるいはまったく）お金を払えない貧しい家庭を支えるというわけだ。

グラミン・チームとキュア・トゥ・チルドレンが立てた現行の事業計画によると、まずはバングラデシュのふたつの病院に三床のベッドからなる移植病棟を設ける予定だ。そのうち、二床は正規料金を支払う患者に当てられ、もう一床はほとんど（あるいはまったく）お金を払えない貧しい家庭の子どもに当てられる。この計画に基づいて収支を計算したところ、病棟は持続可能になる見込みだ。

各病棟では、年間七〜一〇件の手術を実施できると考えられている。今後、バングラデシュでは徐々に病棟数が増えていくだろう。同時に、私たちはこのソーシャル・ビジネス・プログラムの検証や改良が終わり次第、次の大きなステップを踏み出すつもりだ。つまり、インドでさらに大規模にシステムを展開させるのだ。そのため、計画のあらゆる側面が入念に検討されている。

たとえば、コストという側面を例に取ろう。私たちの合弁企業では、裕福な患者の骨髄移植を二万ドルで行なう予定だ。この料金なら、診察料、五名の看護師やスタッフの給与、施設の維持費など、病棟の経費を十分にまかなえるはずだ。確かに二万ドルは大金だ。しかし、アメリカやヨーロッパの骨髄移植の通常料金と比べれば一〇分の一にすぎない。

とはいえ、裕福な家庭が正規料金の二床のベッドに十分に入院してくれなければ、貧しい子どもの治療を支えることはできない。果たして、裕福な家庭はそれほど多く見つかるのか？　その答えにはいくつかの要素が絡んでいる。

まず、最初の二病棟に関して言えば、正規料金を支払ってくれる患者を年間八〜一二人ほど見つけるのはそう難しくない。今日のバングラデシュでは、毎月の輸血に多額のお金を支払っている家庭は多い。その家庭にとっては、二万ドルは払えない料金ではない。さらに、病棟が増えれば、近隣諸国の患者も治療できる。この病棟の評価が高まれば、アジアやアフリカの国々からも患者がやってくるだろう。

このバングラデシュの移植病棟の魅力は大きいはずだ。アジアやアフリカの裕福な家庭では、子どもに手術が必要な場合、ローマ、ロンドン、ニューヨークに行くという選択肢がある。だが、交通費や家族の宿泊費も含めると、二〇〜四〇万ドルものお金がかかる（先ほど述べたように、骨髄移植から回復するには、四五日間も入院しなければならない。家族が病院近くのホテルに四五日間も宿泊するのにどれだけ費用がかかるか考えてほしい）。

しかし、もうひとつ魅力的な選択肢があったらどうだろう。バングラデシュなら文化が似ているし、費用も一〇分の一ですむ。これなら、イタリアなどに行くよりも多くの人々が治療を受けられるだろう。

さらに、もうひとつ重要な事実がある。地中海貧血以外にも、白血病、リンパ腫、多発性骨髄腫、鎌状赤血球貧血など、さまざまな病気の治療に同じ骨髄移植技術が応用できるということだ。したがって、バングラデシュで治療を受けられる患者の数はさらに増える。

もちろん、国外から患者を惹きつけるには、イタリアやアメリカに匹敵するサービスの質が求められるだろう。いくらお金の節約になるからといって、病気の子どもの治療を犠牲にしてもいいと思う人などいないだろう。キュア・トゥ・チルドレンのサポートがあれば、この目標も実現できるはずだ。

ハイテク通信やＩＴは、それを実現する道具のひとつだ。フォークナー医師が発展途上国の患者に医療サービスを提供したいと考えた主な理由のひとつは、巨大な患者基盤を築き、珍しい血液の病気やがんについての情報を集めることだ。この目標を念頭に置き、キュア・トゥ・チルドレンは世界中の専門家をつなぐ世界最先端のＩＴ・通信システムの構築を目指している。

キュア・トゥ・チルドレンは、学習する組織を目指している。そこで、イタリアやパキスタンの専門家チームが継続して気軽にコミュニケーションを取れるように、オープン・ソースのウェブ・プラットフォームを開発した（近くバングラデシュにも導入予定）。インターネットベースの通信ツールであるスカイプやユグマを利用すれば、離れた場所にいても簡単にプレゼンテーションやセミナーを実施できる。また、プロジェクトの管理やメンバー同士の情報共有を促進するソフトウェア・ツールも利用している。その結果、イスラマバードやダッカにいる医師や看護師が、フィレンツェ、ローマ、ミラノにいる一流の医療専門家と、患者について毎日気軽に相談できるようになった。

本章の前半で、小さなソーシャル・ビジネスはやがて世界に巨大な影響を及ぼす種のようなものだと述べた。私がキュア・トゥ・チルドレンとグラミン・ヘルスケア・トラストの合弁事業に興奮しているひとつの理由は、バングラデシュの医療を改善する大きな可能性を秘めているからだ。

その可能性のひとつが「学習する組織」という企業の位置づけだ。私たちの合弁企業では、患者の治療だけでなく、専門知識の構築や普及にも力を注ぐつもりだ。バングラデシュの移植手術は、ヨーロッパやアメリカから〝天下り〟してきた専門家たちではなく、すべて地元の医師が行なう。これは、キュア・トゥ・チルドレンがパキスタンで実施して成功しているモデルだ。パキスタンのイスラマバードでは、フォークナー医師とソダニ医師がルカレッリ医師から学んだ移植技術を二名の医師に教え、イタリアの別の専門家チームが地元の看護師に研修を行なった。フォークナーとソダニは一カ月間パキスタンに残り、最初の数回の手術を見学しながら指導し、専門知識がうまく伝わったことを確かめた。

知識の共有は今もなお続いている。キュア・トゥ・チルドレンでは特殊なソフトウェアを利用し、パキスタンの看護師とイタリアのチーム・メンバーの間で患者の情報を毎日交換している。難解な症例に当たった場合には、イタリアのフォークナー医師たちとパキスタンの医師たちが電話会議で話し合う。「かつては、イタリアにある私たちのセンターで発展途上国の医師をひとりずつ研修していました。しかし、現在のシステムの方がはるかに効果的です。高度なスキルを持つプロのチームを築き上げ、その知識をコミュニティのほかのメンバーに広めることができるからです」とフォークナー医師は語る。

フォークナー医師によると、南アジアの医師や看護師の研修は非常にやりがいがあるという。というのも、南アジアの医師や看護師はやる気が高く、移植の世界的権威のもとで学ぶことを大きなチャンスととらえているからだ。

イタリア人がアジア諸国の専門家を教育するとなると、文化の違いは問題にならないのだろうか？フォークナー医師はほほえむ。「どの国の男性もそうですが、アジアの男性は〝わかりません〟とか〝間違えました〟となかなか言えないところがあります。女性はそんなことはありません。ですから、パキスタンの女性医師の研修は非常にうまくいきました。おそらく、バングラデシュでも同じでしょう」

最大のメリットは、骨髄移植の最新技術をバングラデシュに持ち込むことにより、医療システム全体が大きな前進を遂げるということだ。フォークナー医師の報告によると、これまでキュア・トゥ・チルドレンのプログラムでは仕事を辞めた看護師はひとりもいないという（一般的に看護師は離職率が非常に高い職業だ）。その要因のひとつは高い給与だ。しかし、より重要な要因は、高水準の医療を提供することにやりがい、興味、意欲を感じているからだ。私たちはバングラデシュでも同じ目標を実現したいと考えている。

これこそ、ソーシャル・ビジネスのパワーの証だ。私のキャリアは経済学の教授から始まった。フォークナー医師のキャリアは小児がんを専門とする医師から始まった。それから年月が過ぎ、私たちはこうして同じ疑問にたどり着いた。「命にかかわる商品（金融サービスや医療サービス）を先進国の裕福な人々と同じ品質で発展途上国の貧しい人々に届けるにはどうすればいいか？」そしてふたりとも、ソーシャル・ビジネスがその答えになると確信した。銀行と医療では細かな点は違っても、根底にある多くの原則は同じなのだ。

キュア・トゥ・チルドレンとグラミン・ヘルスケア・トラストの合弁事業の長期的な目標は、バングラデシュだけでなく世界中で地中海貧血を根絶することだ。これを実現する鍵となるのは予防だ。そして、その鍵を握るのは家族の教育、コミュニケーション、出産前の遺伝子検査やカウンセリングだ。実現までには時間がかかるだろう。一五年、もしくは二〇年かかるかもしれない。しかし、不可能ではない。

幸いにも、地中海貧血に関する情報（原因や遺伝の仕組み）はますます知れ渡っている。移植治療を開発したイタリアのルカレッリ医師のもとには、地中海貧血患者の家族の会を通じてルカレッリ医師や彼の業績について知った世界中の患者から連絡がある。このような団体は南アジアにもある。たとえば、バングラデシュ第二の都市であるチッタゴンの地中海貧血の団体には、五〇〇〇名のメンバーがいるし、ほかの都市にも地中海貧血の団体が存在している。これらの団体は、予防の重要性を啓蒙する効果的な基盤になっている。

また、私たちの合弁企業が設立を予定している移植センターも重要な役割を果たすだろう。地中海貧血に悩む子どもがすべて移植手術の候補者というわけではない。低リスクな患者の場合、手術の成功率は九〇パーセントで、術後も高い生活の質を期待できる。しかし、高リスクな患者の場合、手術の成功率は半々に近く、高い生活の質は期待できない。バングラデシュに地中海貧血の症例が一〇万あるとすると、低リスクな患者はその三〇パーセントといわれている。キュア・トゥ・チルドレンが手術を行なうのは、その三〇パーセントの患者だ。

しかし、将来的には、地中海貧血の患者を抱えるすべての家族に手を差し伸べ、治療を教育や予防の機会として利用したいと考えている。たとえば、手術が不可能な場合、スタッフが病気の子どもの適切な看護や世話の方法を教える。そして、親が子どもの手術を希望した場合は、遺伝子検査を普及させるチャンスとして利用する。「治療が可能かどうかを確かめるために、お子さんの検査を行ないます。その代わり、家族全員に遺伝子検査を受けていただきたいのです」と伝えるのだ。そうすれば、地中海貧血に関する情報だけでなく、病気を予防する賢い方法をバングラデシュに浸透させていくことができるだろう。

＊＊＊

地中海貧血の病棟は準備が進められている最中だが、ローレンス・フォークナー医師の頭にはもうひとつの考えがある。彼はソーシャル・ビジネスについて考えを巡らせている。「すでに私たちのパキスタンのセンターが受ける金銭援助の額は大幅に減少しています。最初の数カ月は、毎月一万ユーロ近くの寄付が必要でした。現在ではわずか五〇〇〇ユーロです。このままいけば、センターは完全に自立できるでしょう。最終的に、私たちの世界中のプロジェクトをソーシャル・ビジネスとして運営できるようになればすばらしいことこの上ありません」とフォークナー医師は話している。

地中海貧血を根絶するという目標は決して夢物語ではない。骨髄移植を受けた患者の八〇パーセント程度は完治している。パキスタンの経験からわかるように、ヨーロッパやアメリカだけでなく、発展途上国でもこの率を実現することは可能なのだ。特に、発展途上国では移植センターを設立・維持するのにそれほどコストがかからないというのもその要因だろう。

フォークナー医師も私も、ソーシャル・ビジネスを〝オープン・ソース〟で運営することが重要だと訴えている。ソーシャル・ビジネスの目的は、医学と同じく、問題を解決し、人々に手を差し伸べ、住みよい世界を作ることだ。その根底にあるのは、従来型のビジネスの利己心ではなく人間の利他心なのだ。

したがって、ソーシャル・ビジネスの所有者が情報、アイデア、教訓をため込むのではなく、機会を見つけては共有しようとするのはごく当然なのだ。キュア・トゥ・チルドレンは、カンファレンス、出版、研修プログラム、教育を通じて、世界中の専門家やパートナーに地中海貧血の情報を広め、医療界におけるソーシャル・ビジネスの役割を説明しようとしている。

同じように、私はすべてのソーシャル・ビジネスに知識を共有してもらいたいと願っている。どんなにすばらしい種を作っても、四方八方に蒔かなければなんの意味もないのだから。

第五章　ソーシャル・ビジネスの法的・財務的な枠組み

第三章で説明したように、ソーシャル・ビジネスを始める上でもっとも重要なステップは、アイデアを練ることだ。通常、これは人々を苦しめている社会問題に気づくところから始まる。それは自分の住む地域の問題であることもあれば、世界のほかの場所の問題であることもあるだろう。すると、その問題を解決し、人々の苦しみを取り除き、二度と問題が再発しないようにしたいと思うはずだ。そこであなたの創造力や知恵が力を発揮する。応急処置ではなく根本治療になるような、持続的で強力な解決策を生み出せないだろうか？　そのアイデアが浮かんだら（あるいは、アイデアの小さな芽だけでも浮かんだら）、いよいよソーシャル・ビジネスの世界に飛び込む準備はできたといえるだろう。

この段階まで来たら、次はソーシャル・ビジネスの資金調達について考える時期だ。資金の調達は、ソーシャル・ビジネスを設立・運営して成功させる上で最大のハードルのひとつだろう。しかし、創造力、知恵、忍耐さえあれば、ハードルは越えられるはずだ。

本章では、資金調達の助けとなるさまざまな資金源について説明する。これから説明するように、資金調達は事業構造とも深くかかわっている。企業や組織は、その厳密な事業形態や事業目的に応じて、さまざまな法律や規制が適用される。そして、こうしたさまざまな規則が、特定の資金源から資金を調達できるかどうかに大きくかかわっている。したがって、本章ではソーシャル・ビジネスの法的構造に関して欠かせない意思決定について説明する。あとでわかるように、その意思決定が事業の開始、維持、拡大資金の調達方法に大きな影響を及ぼす。

資金を調達する上で重要なステップのひとつは、投資家のネットワークを惹きつける事業計画を打ち立てることだ。

投資家を惹きつける事業計画の作成

第三章で、事業計画のさまざまな側面について述べた。説明したとおり、事業計画の策定は継続的なプロセスだ。進展に応じてさまざまなバージョンの事業計画を立てることになるだろう。たとえば、自分自身、初期のパートナー、支援者、仲間のためにビジネス・アイデアを具体化する予備的な事業計画。金融機関や投資家を惹きつけるための詳細な事業計画。あるいは、状況の変化や経験に応じて内容が修正された改訂版の事業計画。進捗に応じて事業計画の修正や書き直しを行なうのは自然であり、当然のことなのだ。

本章では金銭的支援を惹きつける方法に焦点を当てるので、ここでは投資家向けの事業計画の作成について、いくつか重要な点を説明しておきたいと思う。

外部から多額の資金調達を行ない、本格的なソーシャル・ビジネスの設立に乗り出すときに重要なのは、ビジネスを運営できるよう詳細な予算を組むことだ。そのためには、ソーシャル・ビジネスの今後五年間の財務予測を立てなければならない。そのひとつが、厳密な費用構造だ。具体的には、人件費（一般的には最大の経費）、必要なオフィス・スペースや不動産、交通費、原材料費、土地や物理資源、専門サービスなど、さまざまな項目に分類して予測する必要がある。

また、提供するサービスや商品の価格なども含めて、収入構造の予測も立てる必要がある。現実的な予算を組むなら、経費を回収できるだけの収入がなくてはならない。できれば、不測の事態に備えて一定の黒字を見込めるとよい。起業家の卵の多くが問題を抱えるのはこの点だ。というのも、特に最初の一～二年間の収入を楽観的に見積もりすぎてしまうのだ。顧客にあなたのソーシャル・ビジネスを知ってもらうまでには時間がかかる。そして、顧客が購買習慣を変え、あなたの得意客になるまでにはもっと時間がかかるのを忘れないでほしい。さらに、市場に予期せぬ競合相手が現われる可能性はいつでもある。したがって、最初の数年間の売上を予測したら、それを半分にするのが安全策といえるだろう。たいていは低い方の数字が正しいものなのだ（そして、幸運にも高い方の数字を実現できたら、それはうれしい〝誤算〟だ）。

五年間の予測を立てる場合には、キャッシュ・フロー計算書に力を入れよう。これは、週ごと・月ごとに会社に出入りする資金の流れを示す。年度末の決算書で収支が合っていれば、財務は適正だと勘違いする起業家もいる。確かに、年度末の数値は重要だ。しかし、四月に多額の出費がかさみ、売上が九月まで入らないとしたら、企業は夏の間に破綻してしまうかもしれない。あなた自身に経理の経験がないなら、専門家に相談して、キャッシュ・フロー予測の妥当性や正確性を判断してもらおう。

綿密で詳細な財務計画を立てることで、必要な資金の額やタイミングを明確にすることができる。それだけでなく、「自分は何者か」、「どのようなスキル、経験、経歴を持っているか」、「ソーシャル・ビジネスを通じてどのように地域に影響を与えるのか」について、説得力のあるストーリーを築くことができるはずだ。

予算では、設立時に必要な費用や、設立後五年間で必要な総費用も明らかにしなければならない。新規事業の場合、設立してから一年半〜三年間は支出が収入を上回るのが普通だ。最終的には損益分岐点売上高を実現するのが目標だが、しばらくはキャッシュ・フローが赤字になることを覚悟し、将来に備えて安定した資金源を確保するべきだ。毎月の赤字額（「バーン・レート」とも呼ばれる）は、ソーシャル・ビジネスを持続可能にするために必要な「つなぎ資金」の額を表わしている。

投資家のネットワークを募る

設立資金を調達できるかどうかは、ビジネスを始める上で重要な問題だ。資金調達の段階では、大事な質問に答えられるようにしておかなくてはならない。初期資金をどのように調達するか？　助成金やローンを利用するのか？　株式を発行して投資家に所有権を与えるのか？　あるいはそれを組み合わせるのか？　投資家にビジネスの社会的価値を納得させる最善の方法とは？　ソーシャル・ビジネスの意図する影響や潜在的な影響をどのように説明するのか？　ビジネス・モデルに含まれる画期的な手法や斬新なアイデアをどう説明すればよいか？

このような質問は、投資家にアプローチする戦略を立てる参考になるだろう。戦略を立てたら、投資家に重要なメッセージをすばやく効果的に伝えられるように、あなたが立てた詳細な事業計画や財務計画から魅力的なプレゼンテーションを作らなければならない。創造力をいかんなく発揮しよう。プレゼンテーションで重要なのは、設立の動機や夢を強く訴えることだ。これらの準備が整ったら、個人的な人脈を活かして、ソーシャル・ビジネスの目的にふさわしい投資家を募ろう。

たいていの場合、新規ソーシャル・ビジネスの初期費用は、設立者のポケット・マネーや、友人や家族の出資に頼ることになるだろう。時には、「エンジェル投資家」と呼ばれる裕福な出資者が現われ、開業資金を提供してくれる場合もある。しかし、それ以外の場合には、幅広い人脈をどれだけうまく築けるかが資金調達の成功と失敗を左右する。人脈作りは、友人、同僚、級友、取引先、地域住民など、あなたと同じ社会問題に興味を持っていそうな知り合いから始まることが多い。その後、人脈は次々と枝葉を伸ばし、友人の友人や、その知り合いへと広がっていく。ウェブ・サイト、ブログ、ツイッター、ＳＮＳ、電子メール、オンライン・ニュースレター、掲示板などのハイテク・コミュニケーション・ツールも、支援者を募る助けになるだろう。

このような人脈作りの前にしっかりと整えておかなければならない要素が経営チームだ。経営陣に明確な役割を定め、チームのメンバーに具体的な経営責任を与えておくことが重要だ。投資家と会うときは、ビジネスを健全に運営できると印象づけるために、堅実な事業構造や能力を見せつけなければならない。また、社会に利益をもたらす方法やプロセスを説明し、ソーシャル・ビジネスの影響力、規模、効率性を実証するためには、ビジネス・モデルが欠かせない。さらに、パイロット・プログラムの結果や顧客のフィードバックを紹介し、ソーシャル・ビジネスに関心が集まっていることを示せば、さらに説得力が増すだろう。

個人的な人脈以外に、新規ソーシャル・ビジネスの資金源になりうるのは、多くの企業（特に日本企業）が抱えているＣＳＲ（企業の社会的責任）ファンドだ。私は、ＣＳＲの予算のすべてを慈善的な目的に当てるのではなく（これが通例だ）、一部だけでもソーシャル・ビジネスの設立に当てるべきだと強く訴えている。これは、社会にとってより有益な資金の使い道といえるだろう。ソーシャル・ビジネスは持続可能なビジネスを目指すため、ソーシャル・ビジネスに投資された資金は数年～数十年先まで社会に利益をもたらす可能性がある。一方、慈善団体に資金を投じても、数カ月で使い果たされてしまうことが多い。とすれば、利益は限られてしまう。したがって、慈善団体に投資するよりもソーシャル・ビジネスに投資する方が一般的にメリットは多いのだ。

企業に新規ソーシャル・ビジネスへの投資を募る場合には、ある程度の時間をかけてソーシャル・ビジネスの考え方を説明する必要があるだろう。今後、ソーシャル・ビジネスの威力に気づく人が増えれば、CSRファンドの責任者は自ら有望なソーシャル・ビジネスを探し、金銭的な支援を申し出るようになるはずだ。

将来的には、ソーシャル・ビジネスの新たな資金源が登場するだろう。今後の章で説明するとおり、ソーシャル・ビジネス専用の基金がすでに登場しはじめている。さらに、投資市場では、SRI（社会的責任投資）ファンドや年金ファンドの人気が高まり、成長しつづけている。したがって、基金の一部（たとえば五パーセント）をソーシャル・ビジネスに当てるのが慣例化する日も来るかもしれない。

ソーシャル・ビジネスの資金調達について、最後にもうひとつ述べておきたい。ソーシャル・ビジネスは社会問題の解決を目的としているため、財団からの助成金、慈善的な寄付、住みよい世界を作りたいと考える組織や個人からの寄付を惹きつけることもある。このような助成を受け取ると、ソーシャル・ビジネスはソーシャル・ビジネスでなくなってしまうのだろうか?

答えはノーだ。一定期間内に経済的に自立するという目標を掲げているかぎり、ソーシャル・ビジネスが助成を受け取るのはまったく問題ない（もちろん、永久に助成に頼る組織はソーシャル・ビジネスではなくNGOだが）。結局のところ、従来型の利潤最大化企業も税控除、土地の付与、有利な政府契約といった形で助成を受けている。だからといって、そういった企業が本当の企業でなくなるというわけではない。

グラミン銀行も当初はさまざまな助成を受けた。しかし、設立直後の三年間を除けば、完全に経済的に自立しており、毎年利益を計上してきた。現在ソーシャル・ビジネスの設立を検討していて、初期資金を助成金に頼ろうと考えている人々は、グラミン銀行と同じモデルに従うとよいだろう。

ソーシャル・ビジネスのさまざまな法的構造

過去二年間、私は世界中の人々にソーシャル・ビジネスの情報を広めることに多くの時間と労力を費やしてきた。本書もその取り組みのひとつだ。また、ビジネス・リーダー、学生、政策立案者、NGOの責任者、財団のトップ、一般市民など、さまざまな人々を相手に、スピーチ、プレゼンテーション、インタビュー、討論を行なってきた。私は、ソーシャル・ビジネスこそ人類の抱える切実な問題を解決する鍵だと確信しているため、この概念をできるだけ多くの人々になるべく早く広めたいと思っている。

残念ながら、既存の法体系や規制制度がソーシャル・ビジネスの居場所を奪っている。利潤最大化企業や従来の非営利組織（財団、慈善団体、NGO）は立派な機関として認定され、組織構造、経営や意思決定の原理、課税措置、情報公開や透明性などに関して、固有の法律が整備されている。しかし、ソーシャル・ビジネスはまだビジネスの分類として認められていない。これには改正が必要だ。ソーシャル・ビジネスの法体系や規制制度（できれば世界各国で共通した制度）を早く整備すればするほど、起業家や企業はさまざまなソーシャル・ビジネスを築き、社会をむしばむ人類の問題に取り組みやすくなるのだ。

この法体系の穴が埋められるまで、ソーシャル・ビジネスの設立に興味のある人や集団にはどのような選択肢があるのだろうか？　本項では、現時点で考えられる選択肢と、私の考えるそれぞれの強みと弱みについて、一般論として説明する。言うまでもなく、ソーシャル・ビジネスの設立を検討している人は、国家、州、地方自治体の法律に詳しい弁護士と相談すべきだろう。

営利企業の構造。現時点では、ソーシャル・ビジネスを従来型の営利企業の構造のもとで運営するのが最善策だろう。つまり、事業の中心に社会的目標を据え置いたまま、従来型の利潤最大化企業と同じ経営原理の多くを用いるということだ。社会的目標を理念に掲げる営利企業の数は増えているが、その中でも所有者の利益追求まで放棄している企業は一握りだ。したがって、そういった営利企業は真のソーシャル・ビジネスとはいえない。

グラミンのすべてのソーシャル・ビジネスでは、営利企業の法的枠組みが用いられている。つまり、従来型の所有構造を持ち、権限と責任に明確な境界が定められている。営利企業には資金調達の選択肢がいくつかある。個人、企業、投資ファンドから投資を募る方法。株式を発行する方法。銀行などの金融機関から融資を受ける方法（財務的な安定性や信用価値を証明できる場合）。大半の国や地域の法制度では、営利企業にビジネス・モデルの実験を行なう大幅な自由裁量が与えられている。

営利企業は黒字分に対して税金を支払う義務がある。また、慈善団体などの非営利組織に寄付する場合とは異なり、営利企業に投資しても税務当局から優遇措置を受けられない。したがって、ソーシャル・ビジネスを営利企業として組織した場合には、いかなる税控除も受けられない。よって、財務の面で一般の営利企業と同じくらい効率的な経営が必要となる（あとで説明するが、私はソーシャル・ビジネスは課税組織であるべきだと考えている）。

多くの国や州では、営利企業は所有者や投資家の利益を最大化する法的義務があるという明確な（または暗黙の）ルールがある。したがって、ソーシャル・ビジネスの経営者が、会社の財産の一部を社会的利益に当てたとして訴えられる可能性もなくはない。たとえば、恵まれない社会集団に属する従業員に標準以上の給与を支払ったり、貧しい人々にのみ割引価格で商品やサービスを販売したりすれば、訴訟を起こされる可能性もあるのだ。

このリスクを最小限に抑えるには、あらかじめ投資家に投資元本を超える利益を受け取らないと誓約してもらう必要がある。しかし、投資家がその企業をソーシャル・ビジネスと認め、投資額以上の利益を受け取らないという文書に署名したとしても、急に気を変える余地は残っている。ソーシャル・ビジネスをやめて、株主に利益をもたらす企業に変えたいと言い出す可能性はあるのだ（ソーシャル・ビジネスにするか否かを決めるのは株主であり、誰もそれを強制できるわけではない。したがって、株主には決定をひるがえす自由もある）。不景気で株主が金銭的に困窮している場合や、好景気で企業の業績が好調な場合、そうした事態が起こるのは想像に難《かた》くない。

投資家がソーシャル・ビジネスの構造を放棄し、従来型の利潤最大化構造を取り入れるというリスクは、営利企業の法的構造を用いる欠点のひとつといえるだろう。将来的には、政府がソーシャル・

ビジネス専用の法律を制定し、ソーシャル・ビジネスを明確に定義し、株主の責任や義務を明確にすべきだ。そして、ソーシャル・ビジネスを利潤最大化企業に転換する際に必要な規則や手続きも定めるべきだ。それと並行して、既存の会社法を見直し、利潤最大化企業をソーシャル・ビジネス企業に転換する際の規則や手続きも定める必要があるだろう。

営利企業の構造を取り入れるもうひとつのデメリットは、財団などの非営利組織が法的に営利企業に投資しにくいことだ。その結果、たとえば医療の改善を目指している財団が、貧しい人々に医療を提供するソーシャル・ビジネスに投資するのをためらってしまうかもしれない。アメリカの法律では、財団が営利企業に投資できるのは、「事業関連投資（Program Related Investment、ＰＲＩ）」と認められた場合のみだ。残念ながら、ＰＲＩについて定めた法律は複雑で、違反した財団は深刻な税金問題を背負いかねない。したがって、多くの財団がそのような投資に尻込みしているのだ。

非営利組織の構造。私は今まで多くの人々から、ソーシャル・ビジネスを慈善団体、財団、ＮＧＯのような非営利組織として運営した方がいいのではないかと提案された。

非営利組織がビジネス活動を営むという考え方は古くからある。ある種の非営利組織が商品やサービスを販売し、その利益で業務を維持し、貧しい人々や料金を支払えない人々を支援し、社会的利益を生み出すという手法はずっと用いられてきた。たとえば、病院、学校、大学、芸術機関、低所得者向け住宅業者などは、営利事業を営む非営利組織の例だ。近年、このモデルは貧しい人々向けの商品やサービスを開発する非営利組織によって広がりつつある。

非営利組織の支持者は、「非営利組織にはもともと利益を上げるという期待がないので、寄付者が見返りを求めて騒ぎ出す心配がない」と主張している。しかし、これは必ずしも正しくない。たとえば、国際金融機関の投資でマイクロファイナンス・プログラムを実施している非営利組織があるが、その投資家たちは高い投資利益を期待している。

確かに、非営利組織に寄付すると税的優遇を受けられることもあるため、寄付は非常に集まりやすい。さらに、活動の内容や社会的利益がほとんど同じでも、営利企業よりも非営利組織の方が財団などから助成を受けやすいのは事実だ。

しかし、ソーシャル・ビジネスに非営利組織の構造を用いると、大きな制約も数多く生ずる。中でも最大の制約は、非営利組織が受ける法律上・規制上の厳しい審査だろう（税的な優遇措置を得る代償だ）。弁護士のロバート・A・ウェクスラーによると、アメリカで〝社会的企業〟が税控除のある非営利組織の認定を勝ち取るのは難しいのだという。彼は、社会的企業の抱える組織的な選択肢について記した二〇〇九年の論文で、こう述べている。


私が貧困者向けの商品やサービスを開発している組織の税控除を申請するたびに、歳入庁から山のような質問が返ってくる。なぜか？　歳入庁には、社会的企業という発展途上の分野に関してなんの権限もないからだ。歳入庁が質問をするのも無理はない。歳入庁の税控除申請の審査担当者には、この種の申請を評価する具体的なガイドラインがまったくといっていいほどない。よって、慎重になるのは仕方がないだろう。*

したがって、非営利組織という形態でソーシャル・ビジネスを始めるなら、質問攻めに遭うことを覚悟しなければならない。設立者は組織からどう利益を得るのか？　組織の活動が教育や慈善のみを目的にしたものだと証明できるか？　それとも一部の個人が主な利益を得ることになるのか？　商品やサービスの製造・販売など、通常なら営利目的とみなされる活動にかかわっているのに、組織をあえて非営利とみなさなければならない理由は？　ソーシャル・ビジネスを非営利組織として認定してもらうためには、こういった質問に答えて、税務当局を納得させる必要があるのだ。

さらに、バングラデシュを含む一部の国では、営利活動を行なう非営利組織には納税義務が生じる。したがって、税制面でのメリットがまったくない。

よって、私のソーシャル・ビジネスの定義は、非営利組織の構造とはうまくかみ合わない。説明したとおり、タイプIのソーシャル・ビジネスはあらゆる面で営利組織だ。ただ、利益が所有者の手に渡らないというだけだ。ほとんどのケースで持続可能とはいえない非営利組織とは異なり、ソーシャル・ビジネスでは常に持続可能性が求められる。何より、ソーシャル・ビジネスはビジネスでなければならない。一方、非営利組織はビジネスではない。理事会が望む範囲内でビジネスのふりをすることしかできない。翌年、理事会に新しい理事が加われば、規則が改定されるかもしれない。したがって、非営利組織があらゆるビジネス・ルールに一貫して従うとは考えにくいのだ。

しかし、ソーシャル・ビジネスの設立に非営利組織の法的構造を用いない最大の理由は、非営利組織には所有者がいないからだ。株式も発行できない。しかし、ソーシャル・ビジネスには通常の営利企業と同じように所有者がおり、株式の発行や売買を行なうことができる。所有権こそがソーシャル・ビジネスの大きな特徴だ。ソーシャル・ビジネスの所有者は、自分の活動や成果に誇りを持つことができる。企業に肩入れするようになる。ソーシャル・ビジネスの株式は相続も可能だ。株式を受け継いだ家族たちは、先祖が世界に貢献したことに誇りを抱くだろう。そして、企業は家族の財産の一部になる。家族は財産を築き上げ、守りつづけることに喜びを感じるだろう。しかし、非営利組織の場合は違う。組織の運営に参加するには理事や従業員になるしかない。任期や雇用期間が終われば、もう組織の一員ではなくなる。財産を受け継いで永久に活動を継続させるという実感はない。

こうした理由から、私の頭の中にあるソーシャル・ビジネスの概念は、非営利組織という法的構造とはまったくかみ合わない。

営利企業と提携する非営利組織。非営利組織が商品やサービスを販売する営利子会社を設立し、その収益で非営利組織を運営するのは珍しくない。あるいは、非営利組織が営利企業とパートナーシッ

＊Robert A. Wexler, "Effective Social Enterprise—A Menu of Legal Structures," *Exempt Organization Tax Review* 63, no. 6 (June 2009): 565-576

プを結び、営利企業が収益を社会的目標の実現に当てるというケースもある。ショッピング・モールを所有・運営している慈善病院はこの種の提携の一例といえるだろう。

タイプⅡのソーシャル・ビジネスの中には、そのように設計されているものもある。まず、社会的目標の実現のみを目的としたトラストを設立する。このトラストは、完全所有（あるいはほぼ完全所有）する営利企業に投資し、その利益を社会的目標の実現に回す。このようなソーシャル・ビジネスでは、社会的目標の達成度が成功を測る基準となるため、測定可能な社会的目標を定めておく必要がある。

営利組織と非営利組織の事業構造の話になると、必ず税金の問題が話題に上る。世界各国の政府が、個人や企業からの寄付を奨励するために、大幅な税控除など、さまざまな税的優遇措置を設けてきた。私は多くの人々から、ソーシャル・ビジネスも非課税の対象にするべきだという意見を聞く。しかし、私はその意見には賛成しかねる。金銭的なメリットがあるからではなく、人の役に立ちたいという気持ちから自然と生まれるのが、真のソーシャル・ビジネスだと思っている。

確かに、ソーシャル・ビジネスが成功しやすい環境を築くことには賛成だ。たとえば、ソーシャル・ビジネスに資金や株式を提供するソーシャル・ビジネス・ファンドを設立するのは重要だろう。しかし、ソーシャル・ビジネスを非課税の対象にするのは行き過ぎではないかと思う。たとえば、政府に納めるべき税金を、ソーシャル・ビジネスに投資できるようになったとしよう。ソーシャル・ビジネスの原理から考えると、そのお金は政府に流れるのではなく、私たち自身に還元される。つまり、ソーシャル・ビジネスに投資して金銭的な利益を得られることになる。ということは、利己的な動機からソーシャル・ビジネスに投資する人も現われるだろう。私は、ソーシャル・ビジネスに利己的な計算が持ち込まれる可能性を残すくらいなら、非課税の対象にはしない方がいいと思う。

この問題については、慎重な議論が必要だ。満足な結論が出るまで、政府にはケース・バイ・ケースで対応する余地を残しておいた方がよいだろう。つまり、ソーシャル・ビジネスへの投資やソーシャル・ビジネスの利益を非課税にするかどうかを政府がケース・バイ・ケースで判断できるようにするということだ。そうすれば、政府は社会的な緊急性や財政状態に応じて、さまざまな形でソーシャル・ビジネスを支援できる。一方、ソーシャル・ビジネスの経営者は、税控除の決定を待つことなく投資計画を実行することができるのだ。

新たな事業構造。近年、従来の営利構造とも非営利構造とも異なる新たな事業構造がいくつも生まれつつある。ある意味では、このような新しい事業構造は、私がソーシャル・ビジネスという概念を築き上げたのと同じ理由から生まれたものだ。多くの人々が、私と同じように現代の経済・政治システムの選択肢の乏しさに不満を感じている。そして、「ビジネスの持つ創造力や活力」と「慈善の持つ理想主義や利他精神」をどうにかして組み合わせられないかと考えている。こうした人々の要求を受け、一部の国や地域では現代の制度の隙間を埋める新しい事業形態の構築が進められている。

残念ながら、現在実験的に作られている新しい事業構造の中に、私のソーシャル・ビジネスの概念にぴったりと一致するものはない（少なくとも私の知る範囲では）。しかし、その違いをはっきりと理解するために、各国で生まれつつある事業構造とソーシャル・ビジネスを比較してみよう。

最近イギリスに登場した新しい法制度のひとつが、「コミュニティ利益会社（Community Interest Company、ＣＩＣ）」だ。これは、イギリス政府が「社会的企業」と認めるビジネスに対して、二〇〇五年から実施している新しい法制度だ。イギリス当局はＣＩＣについてこう記している。

「ＣＩＣとは、環境改善、公共交通、公正取引などの社会的目標を追求する組織です。社会的企業は、問題を抱えた地域を再生し、コミュニティに力を与え、革新的で斬新なサービスを地域レベルで提供するのに、ますます大きな役割を果たしはじめています」

ＣＩＣはいくつかの点で従来型の慈善団体と似ている。慈善団体と同じく、所有者や株主の懐《ふところ》を肥やすことではなく、社会的な利益を追求することに専念している。政府にＣＩＣの申請があると、監査人が「コミュニティ利益テスト」を実施し、合格かどうかを審査する。そして、「ＣＩＣが一般的に見てコミュニティや公共の利益になる」と監査人が納得しなければ、ＣＩＣとして認められない。また、ＣＩＣの利益を得るのがごく少数の集団に限られている場合も不合格だ。これは、利潤最大化企業が、設立者の家族や友人など、ごく一部の内部者集団に〝社会的利益〟をもたらすと主張してＣＩＣと名乗るのを防ぐためだ。

この「コミュニティ利益テスト」は、イギリスの慈善団体が満たさなければならない条件と比べれば、それほど厳しくない。しかし、ＣＩＣには慈善団体のような税制上の優遇がない。ＣＩＣは一般企業と同じように、利益が課税対象になる。さらに、剰余金も含め、CICが保持する資産やCICが生み出した資産は、「資産の固定化《アセット・ロック》」の対象となる。「資産の固定化」とは、CICの資産をコミュニティの利益のためだけに用いなければならないという法的要件だ。たとえば、コミュニティに直接利益を還元したり、CICの業務を拡大したりするために資産を利用することはできる。また、CICの業務を維持・継続するためのローンの担保にすることも可能だ（このあと説明するように、「資産の固定化」の規定にはひとつ大きな例外がある）。

利潤最大化企業と同じように、CICには所有者がいる。慈善団体がCICを所有することもあるし、個人、集団、企業が所有することもある（ただし、政党はCICの所有が認められていない）。CICは、従来型の企業とまったく同じように、投資家から資金を募ったり、株式を発行したりすることもできる。この点では、CICは私のソーシャル・ビジネスの概念と似ている（たとえば、グラミン・ダノンやグラミン・ヴェオリア・ウォーターは、いずれもグラミン企業と親会社のダノンまたはヴェオリア・ウォーターによって共同所有されている）。

しかし、ソーシャル・ビジネスとの相違点は、制限つきとはいえ配当の支払いが認められている点だ（これが「資産の固定化」の規定の例外だ）。現在、一株当たりの配当はイングランド銀行の基準貸付利率＋五パーセントが上限であり、一年間の配当の合計は企業利益の三五パーセント以内に制限されている。

これからわかるのは、CICは営利企業の特殊な形態にすぎないということだ。つまり、社会問題を解決するにあたって、営利企業と同じような制約や欠点を抱えているのだ。イギリス政府はCICのアプローチについてこう説明している。「CICには資金調達を行なうための柔軟性が必要だ。一方、資産の固定化を行なうことも重要だ。われわれはこのふたつのバランスを取るべきだと考えている。投資家は一定の利益を得る可能性があるが、これに制限を加えることで、より幅広いコミュニティにCICの主な利益を届けることができる」

以前にも述べたとおり、私は配当に対する期待や圧力をソーシャル・ビジネスの世界に持ち込むべきではないと思っている。事業計画に配当の支払いを明記してしまうと、自然と配当に対する期待や圧力が生まれてしまう。その点、イギリス当局が取ろうとしている「バランス」というのは極めてあいまいだ。CICは制限つきとはいえ営利企業であることには変わりない。したがって、私が普及させようとしているソーシャル・ビジネスにはなりえない。しかし、所有者や株主が投資元本を超える配当や利益を受け取らないと宣言すれば、CICはソーシャル・ビジネスになりうるだろう。

CICという概念は、広く関心を集めはじめている。二〇〇九年末の時点で、イギリスでは三三〇〇社のCICが登録されている。その中には、大きな成功を遂げ、有名になった会社もある。たとえば、「ファイアフライ・ソーラー」は、持続可能なテクノロジーを用いて、グラストンベリー音楽フェスティバルからグリーンピースまで、さまざまな組織のイベントをプロデュースしている。「エコアクティフ・サービス」は、元犯罪者、更生中の依存症者、シングル・マザーなど、疎外されがちな人々に職業訓練やカウンセリングを提供している。「ゼイトゥン」は、パレスチナの農業協同組合と提携してオリーブ油などを生産して流通させ、イギリスで販売している商社だ。商品は公正取引が保証されている。

カナダでも同じような法体系の整備がかなり議論されている。たとえば、二〇〇七年一一月には、ポール・マーティン元首相がトロントのムンク国際研究センターで「社会的企業のパワーを解き放つ」と題した講演を行なった。マーティン首相は、社会的な目的で設立された企業が社会に利益をもたらす可能性について述べた上で、カナダ政府は「社会経済の実際の進化、そして本当の意味での社会的企業の進化」に対応すべきだと訴えた。私は、ＣＩＣへの関心がソーシャル・ビジネスの支援に変わることを願っている。

ビジネスの力を利用して社会的目標を実現するもうひとつの新たな事業構造が、「低収益有限責任会社（Low-profit Limited Liability Company）」だ。これはＬ３Ｃとも呼ばれ、よく知られている「有限責任会社（ＬＬＣ）」という企業構造の一形態だ。Ｌ３Ｃというアイデアを考案したのは、メアリー・エリザベス＆ゴードン・Ｂ・マンワイラー財団のＣＥＯ、ロバート・ラングだ。それ以来、Ｌ３Ｃは「アメリカンズ・フォー・コミュニティ・デベロップメント」、米国財団協議会、社会的企業同盟など、独創的な方法で営利企業の手法と社会的目標の追求を組み合わせようとしている組織によって、改良や普及が行なわれてきた。

二〇〇八年にバーモント州でＬ３Ｃの制度を定める最初の法律が制定されたのを皮切りに、二〇〇九年末時点でミシガン、ユタ、ワイオミング、イリノイの各州でもＬ３Ｃの設立が認められている。

また、ノースカロライナ、ジョージア、オレゴン、サウスダコタ、テネシー、モンタナの各州でも、L3C会社の設立を認める法案が検討されている。また、ネイティヴ・アメリカンのクロウ族やオグララ・スー族でもL3C制度が認められている。

L3Cも、CICと同じように、社会的目標を追求する営利企業だ。ほかの企業と同じように、L3Cは個人、慈善団体、営利企業が所有者となる。また、これもCICと同じく、利益に応じた配当を支払うことができる。L3Cについて定めた法律では、「企業の主な目的は収益の追求や資産の増加ではない」と明記されているため、配当は低い。しかし、CICのように配当の規模を制限するガイドラインは定められておらず、L3Cが〝過剰〟な配当を支払っているかどうかを審査する正式な監査機関があるわけでもない。

アメリカの連邦所得税に関しては、ほかの有限責任会社と同じように、L3Cには「パススルー課税」が適用される。つまり、企業自体には法人税がかからず、収入、費用、利益、損失などすべての項目は、持ち株の比率に応じてL3Cの「構成員」(つまり所有者)にそのまま配分される。

L3C構造の利点のひとつは、その設立要件だ。「慈善的・教育的な目的」への専念、利益を「主たる目的」にすることの禁止、「政治的・法律的な利用」の禁止といった要件は、すべて事業関連投資(PRI)について定めた米国内国歳入法の規則を反映したものだ。L3C制度の法整備を支持してきた人々は、この種の社会的企業は財団からの金銭的支援を受けやすいと期待している。なぜなら、L3Cは法律上・税制上の目的で正式なPRIの条件を満たすよう設計されているため、財団による投資が可能だからだ。これは、財団にとっては重要だ。先ほども述べたとおり、ＰＲＩについて定めた歳入庁の規則は複雑で適用しづらいことで有名だ。したがって、ＰＲＩの条件を満たすのにぴったりの事業構造があれば、財団は資金を投資しやすいというわけだ。

Ｌ３Ｃを支援する財団は、企業に資金を提供するだけでなく、間接的な金銭的利益ももたらす。「トランシェ」と呼ばれる手法を利用すれば、財団側の投資家が最小限の利益で最大限の金銭的リスクを背負うようにすることができる。これにより、それ以外の株式は比較的低いリスクでハイ・リターンが期待できるため、銀行、保険会社、寄付基金など、外部の投資家にとって魅力的になる。

今後、Ｌ３Ｃがどう発展していくかは楽しみだ。Ｌ３Ｃの導入が盛んに議論されている分野といえば、ジャーナリズムだ。インターネットの台頭により、地方紙は広告料を奪われ、財務的な苦難に直面している。そのため、ジャーナリズムの世界には、新しい資金調達方法を利用して、調査報道や市民教育専門の組織を設立しようとしている記者たちもいる。その中には、伝統的なジャーナリズムを生かしつづける方法として、財団の支援を受けるＬ３Ｃに期待を寄せる人々もいるのだ。

このような取り組みのひとつとして、二〇一〇年一月一日時点のイリノイ州の法律のもとで法人化されたのが「シカゴ・ニュース・コーポラティブ」だ。この協同組合は、「プロの編集する高品質なニュースや論評をウェブ、紙面、放送でシカゴ地域に配信」しており、ジェームズ・オシェイというベテラン・ジャーナリストが編集に携わっている。シカゴの公共テレビ局ＷＷＴＷと提携して運営されているこの会社は、ジョン・Ｄ＆キャサリン・Ｔ・マッカーサー財団から助成を受けており、そのほかの財団からもさらなる投資を募っている。

L3Cの法的・財務的構造を利用すれば、財団などが社会的目標を掲げるビジネスに資金を投じ、初期投資を回収することが可能だ。場合によっては、それ以上の利益を拒むこともできる。しかし、CICと同じように、L3Cとソーシャル・ビジネスには決定的な違いがある。L3Cでは、所有者のために利益を生み出し、その利益から配当を支払うという基本方針があるのに対し、ソーシャル・ビジネスにはそういった考え方はまったくない。私は、「利己心」と「利他心」を同じ乗り物に乗せれば、どちらの主人の言うことも聞けなくなると考えている。L3Cの弱点は、金銭的な動機と社会的な動機の間にあるあいまいさだ。それが純粋なソーシャル・ビジネスと比べて人道的な目標を実現しにくくする要因となるだろう。

ソーシャル・ビジネスを制度化する三つ目の新しいアイデアは、いわゆる「B法人」だ。実際には、「B法人」という名称には特別な法的地位はなく、B法人を定義する法律や、B法人に適用される特別な規制はない。B法人という考え方を考案したのは、二〇〇六年六月に「Bラボ」という組織を設立したコーエン・ギルバートという若い社会起業家だ。彼は、一般的な経済用語や社会用語の中に、社会的な目標と財務的な目標の両方を掲げる企業を表わす言葉がないことに気づき、「C法人」や「S法人」になぞらえて「B法人」という名称を考えた。C法人とS法人は、アメリカ税法の条項の名前にちなんで名づけられた法制度だ。しかし、B法人の「B」は税法の一部を指しているのではなく、「有益《ベネフィシャル》」の「B」だ。B法人は会社の存在するコミュニティに利益をもたらすのが狙いだからだ。

B法人に法的地位がないとすれば、この言葉を作った意味はなんなのだろうか？　ギルバートやBラボの同僚たちは、経済システムの中に、利益の一部や全部を社会的な目的に捧げる会社の居場所を作りたいと考えている。Bラボの定める規則によれば、B法人と〝正式〟に認定されるためには、経営に関する文書（定款、パートナーシップ契約、企業内規など）の中に、「会社取締役は株主の金銭的利益だけでなく、従業員、顧客、地域、自然環境など、さまざまな〝利害関係者〟の福祉を考慮してもよい」という明確な文言が入っていなければならない。つまり、投資家に利益をもたらすという財務的な責任だけでなく、社会的な責任も正式に認めようという考え方だ。こうすることで、金銭的利益より社会的利益を優先しても、企業の経営者や取締役は訴訟や投資家の反乱に遭わずにすむのだ。

さらに、Bラボは企業の評価システムも提供している。企業は、Bラボのアンケートに答えると、自社の環境的・社会的な取り組みの度合いを判定することができる。結果はポイントで表わされ、合格スコア（現時点では、二〇〇点満点中八〇点）を取った企業のみがB法人の資格を得る。その目的は、B法人という「ブランド」の認知度を高め、顧客、投資家、従業員、消費者が環境や社会の持続可能性に真に貢献している企業を判別できるようにすることだ。

B法人の主な目的は、企業の経営者や取締役に対して、社会的目標と財務的目標の両方に基づいて企業を運営する権限を与えることだ。しかし、残念ながら、B法人というコンセプトがその目標の実現に効果的かどうかはまだ不明だ。『サンフランシスコ・クロニクル』紙の記者はこう述べる。「たとえば、社会的・慈善的な優先事項に納得のいかない投資家に訴えられた場合、B法人という言葉がどれくらい盾になるのかはまだはっきりしない。さらに複雑なのは、一部の州では株主以外の利害関係者の利益を考慮することが認められているのに対し、カリフォルニア州などではそれを明記した法律がないことだ*」

こうしたあいまいさが残っているとはいえ、B法人という考え方は一部の起業家に受け入れられている。二〇〇九年末時点で、アメリカには二〇〇以上のB法人が存在している。しかし、B法人の価値は今のところ未知と言わざるをえないだろう。

さらに、私が強調したいのは、たとえBラボのアンケートで高得点を取ったとしても、B法人はソーシャル・ビジネスではないということだ。B法人が社会的目標を重視するのはよいことだ。しかし、B法人には利益に関して意思決定の余地が残されている。ソーシャル・ビジネスの経営者のように、個人的な利益の追求を放棄する代わりに、B法人の経営者は株主に配当を支払ったり、自ら企業利益の一部を要求したりすることができるのだ。これまで説明してきたように、私はこれこそがB法人という概念の威力を致命的に損なっている要因だと思う。

CIC、L3C、B法人という新たな事業構造の登場は、世界を取り巻く状況を如実に表わしている。世界には既存の非営利組織や営利組織では解決できない人道的問題が蔓延しているということ。そして、現代の経済システムや法体系には、第三の事業形態によって埋めなければならない穴があるということ。私は数十年間をかけて、こうした世界的状況に立ち向かってきた。多くの人々が新しい代替策を考え出し、せっせと実験に取り組んでいるというのは、世界中の人々が私と同じように問題を解決したいと願っている証拠なのだ。そういう意味では、数々の実験は明るい兆しといえる。しかし、私は利益の追求と社会的目標の追求に明確な線引きをする「ソーシャル・ビジネス」こそ、現代資本主義の未完成の穴を埋める最善の方法だと信じている。

もちろん、政府、法律、立法の専門家がしなければならない仕事は山ほどある。ソーシャル・ビジネスのニーズに特化した新たな規制システムを築かなくてはならない。それもなるべく早急に。そのシステムが完成するまでは、既存の事業法に基づいて私のいうソーシャル・ビジネスを築くしかないだろう。

＊Ilana DeBare, "'B Corporation' Plan Helps Philanthropic Firms," *San Francisco Chronicle*, May 18, 2008.

第六章　グラミン・ヴェオリア・ウォーター――世界の水問題を解決するソーシャルR&Dプロジェクト

現実主義、公開性、実験――これらはいずれも私のソーシャル・ビジネス・アプローチの中で常に重要な役割を果たしてきた。ソーシャル・ビジネスの設立プロセスの中でもっとも重要なのは、目標を明確に定めることだ。そして、その目標を実現するためには、さまざまな手段を試すべきだ。ソーシャル・ビジネスの目標は、実世界の問題を解決し、人類の暮らしを向上・充実させることだ。この目標をしっかりと視野にとらえていれば、状況が変化したり、よりよいアイデアが浮かんだりしたときに、目的を達成する手段を改良・変更してもかまわないのだ。

このように、私は現実主義を特に重視している。その好例がグラミン・ヴェオリア・ウォーターのエピソードだ。グラミン・ヴェオリア・ウォーターは、大企業によって設立されたグラミン・ダノンに続くふたつ目のソーシャル・ビジネスであり、バングラデシュのゴールマリという村の貧しい人々に清潔な飲み水を提供している。

このプロジェクトの目的は、許容限度を超えるヒ素に汚染された水を飲まざるをえないバングラデシュ農村部の人々に、安全な飲み水を提供することだ。ヒマラヤ山脈からバングラデシュに運ばれてきた堆積物には天然のヒ素が含まれているが、そのヒ素が地下水に溶け出しているのが発見されたのは一九九三年になってからだった。ヒ素は長期的に深刻な健康リスクをもたらし、バングラデシュでは一〇万人以上が皮膚病変やがんなどに侵されている。現在、数多くのバングラデシュ人が毎日ヒ素に汚染された水を口にしているが、その大半は農村部だ。この問題で影響を受けている人々の正確な人数は不明だが、推定三五〇〇〜八〇〇〇万人といわれている。

私たちは、グラミン・シッカ（シッカ＝教育）のさまざまなプログラムを通じて、この問題の解決に挑んできた。グラミン・シッカのCEO、ヌルジャハン・ベグムは、農村にきれいな水を届ける活動に情熱を注いでいる。彼女のチームはサンプルを収集し、バングラデシュ全土の掘り抜き井戸のヒ素レベルを示す地図を調査して、濾過《ろか》、雨水収集、アルミニウムによる地表水の処理、深い掘り抜き井戸を使った給水など、専門家の提案したありとあらゆる解決策を試した。しかし、いずれもまるで効果はなかった。

この難問に取り組んだのは私たちだけではない。世界銀行などは、ずっと前からこの問題を調査し、問題解決に多額の資金を投じている。ユニセフは、バングラデシュの人々に汚れた地表水ではなく掘り抜き井戸の水を飲むよう訴えてきたが、結局はその井戸水にヒ素が含まれていることが判明した。非難を浴びたユニセフは、全力を挙げて解決策を探しているが、いまだ解決策は見つかっていない。

二〇〇七年、フランスのヴェオリア・ウォーター社の幹部、エリック・ルシュウールがひとつの疑問とともに私のもとへやってきた。グラミンと協同で、バングラデシュの貧しい人々の飲み水の質を改善するソーシャル・ビジネスを設立できないか？　それを聞いて、私はすぐに断わった。ミネラル・ウォーターの話だと思ったのだ。ミネラル・ウォーターはバングラデシュでも人気があるが、かなり値が張る。多くの人口を抱える農村部のニーズには応《こた》えられないだろう。しかし、ルシュウールは引き下がることなく、私が話を聞くまでバングラデシュから帰ろうとしなかった。

とうとう、私は事務所を通じて、「農村部に水一〇リットルを一タカで提供できるというなら、喜んで話をしましょう」と伝えた。それから二日間、なんの音沙汰もなかった。きっと帰国したのだろうと私は思った。すると、突然連絡が来た。「わかりました、やってみせます」と彼は言った。私はよい意味で驚き、彼との話し合いに深く興味を持った。こうして、グラミン・ヴェオリア・ウォーターは誕生した。

ヴェオリア・ウォーターは、廃棄物管理システム、エネルギー効率システム、公共交通システム、水道システムを運営する大企業、「ヴェオリア・エンヴァイロメント」の一部門だ。ヴェオリア・ウォーターは、地方自治体や産業用の上下水道サービスの設計、建設、管理を行なっており、二〇〇八年には前年比約一五パーセント増の約一二六億ユーロの収益を上げた。

ルシュウールは、二〇〇六年にヴェオリア・ウォーター・チームに加わるまで、世界的企業であるヴェオリア・エンヴァイロメントのR＆D（調査・研究）副責任者を務めていた。そのときに、環境管理システムや持続可能な開発の問題（特に給水問題）に深い関心を抱くようになった。

テクノロジーだけでは、現代社会が抱える大規模な難問は解決できない。適切な社会的問題を選ぶことと、その解決にふさわしいテクノロジーを選ぶことは、同じくらい重要なのだ。ソーシャル・ビジネスは、このような問題を解決する上で重要な役割を果たす。基本的に、ソーシャル・ビジネスの目的は、万人《ばんにん》に対して経済を機能させることだ。その中には、通常なら取り残されがちなピラミッドの底辺の人々も含まれる。そこで、ヴェオリア・ウォーターのような世界的企業が役割を発揮するわけだ。収入が低くて高額なインフラを利用できない人々に、安全できれいな飲み水を提供するにはどうすればよいか？　人々の従来の生活スタイルや習慣に新しいサービスをどう組み込めばよいか？

これは非常に重要で奥の深い疑問だ。ヴェオリア・ウォーターのCEOのアントワーヌ・フレロは、発展途上国だけでなく世界中でこの疑問に答えるのがヴェオリア・ウォーターの務めだと考えていた。

今後、世界中で水が持続可能性《サステナビリティ》の中心問題になるのは明らかだ。現在、世界人口のおよそ二〇パーセントが飲食や料理に清潔な水を利用できずにいる。専門家によると、毎年二〇〇万人の子どもたちが、深刻な下痢、マラリア、コレラなど、水に関連する病気で亡くなっているという。そして、このような問題は悪化の一途をたどると考えられている。多くの科学者が、地球温暖化の影響で二〇二五年までに世界人口の半数が水不足に苦しむと予測している。

この問題は世界中で警鐘を鳴らしてきた。国連のミレニアム開発目標では、一九二の国連加盟国と二三以上の国際機関が、二〇一五年までに八つの国際開発目標を実現することを約束している。その中には世界中の人々に安全な飲み水を提供するという項目もある（具体的には、ミレニアム開発目標のゴール7で、世界各国は「安全な飲料水及び衛生施設を継続的に利用できない人々の割合を半減する」とある)。

安全な飲み水の提供は、女性の人権の問題でもある。たとえば、アフリカの村々では、女性や子どもが家族のために水を汲《く》みにいくのが普通だ。多くの地域では水が簡単には手に入らないため、一日のうち数時間がその作業で占められてしまう。重い瓶《かめ》や缶を数キロ先の井戸、ポンプ、川まで運び、さらに重くなった容器を持って農場や村まで戻らなければならない。一日の半分が水運びに費やされるため、多くの女性は家業を営んだり、仕事に就いたりすることなどとうていできない。そして、子どもは学校に通えない。

さらに、飲み水の問題は、成人男性よりも女性や子どもにとっての方が深刻だ。特に、バングラデシュなどの国々では、文化的に男性の方が外出しやすいからだ。バングラデシュの多くの村々では、男性は地元の売店や店舗で過ごす時間も長く、清潔な水が飲める。一方、妻や子どもは家に残っていることが多いので、地元の井戸や川から汲んだ汚染水を飲まざるをえない。

したがって、安全な飲み水の提供は、健康の問題や経済発展の問題だけでなく、女性の人権の問題でもあるのだ。

ヴェオリア・ウォーターのエリック・ルシュウールは、給水に関する社会的イノベーションを生み出すために、さまざまな組織と話し合いを始めた。その組織のひとつがパリを拠点とするＡＤＩＥだ。ＡＤＩＥを運営するマリア・ノヴァクという女性は、偶然にも私の友人であり、フランスにおけるマイクロクレジットの先駆者でもある。私は二〇〇七年三月にパリのADIEを訪れ、会議に出席したのだが、ルシュウールはその話をノヴァクから聞きつけ、同じ会議に出席した。そこで、私がソーシャル・ビジネスの考え方について話すのを聞き、バングラデシュの人々にきれいな水を届けるソーシャル・ビジネスを設立することを思いついたのだ。

ルシュウールは、グラミン銀行に相談を持ちかける前に、ヴェオリア・ウォーターの同僚たちにアイデアを打ち明けた。その中のひとりがパトリック・ルソーだ。彼はインドのデリーに駐在し、ヴェオリア・ウォーターのインド周辺国での業務を取り仕切っていた人物だ。ルシュウールは、体験を振り返り、大企業でソーシャル・ビジネスを始める際に重要なのは、早めに仲間を何人か集めることだと述べている。「仮に会社のトップから支援を受けたとしても、私ひとりだったら成功するのは難しかったでしょう」と彼は語る。

これこそ、ソーシャル・ビジネスを始めようと考えている人が心得ておくべき教訓だ。大企業の管理者がソーシャル・ビジネスを実行に移すためには、適切な土台を築く必要がある。まず、会社の中でプロジェクトに乗り気な仲間を何人か集めるというのもそのひとつの方法だ。

二〇〇七年九月、ルシュウールはパトリック・ルソーとヴェオリア・ウォーター財務部のエステル・ラスランを引き連れてダッカにやってきた。そこで私は彼らと会い、当然ながらソーシャル・ビジネスのアイデアに惹きつけられた。これほど経験豊富な大企業と協同で新たなソーシャル・ビジネスを設立できるのは光栄だった。彼らは貧しい人々に水を届けるという社会的難問に真剣に取り組もうとしているようだった。そして、ソーシャル・ビジネスという新しいビジネス・モデルの学習や実験に時間、労力、資金を投じる覚悟ができているようだった（彼らは、ついでにボグラにあるグラミン・ダノンのヨーグルト工場も見学した）。

ルシュウールが「一〇リットルで一タカ」という私の提案に応じると、私たちはとりあえずグラミンとヴェオリア・ウォーターの合弁事業の計画を立てはじめることにした。それは楽しくて厄介な旅の始まりだった。

＊＊＊

パリに戻ると、ルシュウールはCEOのアントワーヌ・フレロにプロジェクトの計画を説明した。ふたりは、ソーシャル・ビジネスの考え方、バングラデシュの飲み水に含まれるヒ素の問題、グラミンとの提携の可能性について、二時間ほど話し合った。フレロはプロジェクトに大賛成した。

また、ルシュウールはダノンのエマニュエル・マルシャンに連絡し、ヴェオリア・ウォーターもダノンと同じくソーシャル・ビジネスの考え方を支援することになったと伝えた。この連絡をきっかけに、ヴェオリア・ウォーターとダノンは継続的にアイデアや体験を共有するようになった。

二〇〇七年一二月、私がパリを訪れている最中に、グラミン・ヘルスケアとヴェオリア・ウォーターの間で覚書が結ばれた。こうして、新たなプロジェクトは正式に始動した。

ビジネス業界の人々がよく悩むのは、ソーシャル・ビジネスという考え方に同僚がどう反応するかということだ。長い年月をかけて利潤を最大化する組織の運営方法を学んできたプロのビジネスマンは、投資家にまったく利益のないプロジェクトに資金を投じるという考えに困惑し、反感さえ抱くのではないか？　しかし、現実はまったく違う。ヴェオリア・ウォーターの従業員は、ダノンとまったく同じように、グラミンと力を合わせて新しい形態のビジネスを築くという考えに興味を持ち、興奮を覚えた。ルシュウールはこう話す。「びっくりしました。多くの人たちが廊下で私をつかまえては、プロジェクトの話を聞いたり、支援を申し出たり、バングラデシュで働きたいと言ったりしてきたのです。すさまじい反響でした」

私にとっては、驚きでもなんでもない。私がソーシャル・ビジネスについて話すと、必ず同じような反響が返ってくるからだ。住みよい世界を作り、人類の生活を向上させる手助けをしたいという欲求は、個人的な利益を積み上げたいという欲求と同じくらい、人間性に深く刻み込まれているのだ。したがって、経済理論の大きな欠陥のせいで、ずっと自分自身の利他心を抑圧してきたビジネスマンたちが、それを解放するチャンスに色めき立つのはごく自然なことなのだ。

さらに、世界経済における企業の立場という観点からも、ソーシャル・ビジネスの考え方はヴェオリア・ウォーターにとって重要な意味を持っていた。ヴェオリア・ウォーターはすでにインドやアフリカの六五〇〇万以上の人々に飲み水を提供している。したがって、発展途上国はサービスや専門知識を提供する将来的に重要なマーケットなのだ。さらに、現在では、水不足や気候変動、経済のグローバル化や水道サービスの民営化を巡る論争が、ヴェオリア・ウォーターにとって政治的・経済的な逆風となっている。したがって、今こそヴェオリア・ウォーターは、水問題に対して積極的な役割を果たさなければならないのだ。

アントワーヌ・フレロはこう述べている。

多くの人がヴェオリア・ウォーターの役割を誤解しています。私たちの仕事は水の販売ではありません。セーヌ川、ナイル川、ブラマプトラ川にバケツを浸せば、誰でも水が飲めるのです。私たちの仕事は、水を安全に飲めるように処理することです。そして、水が手に入らない人々に水を届ける方法を探し出すことなのです。

しかし、その点が誤解されているために、メディアからバッシングを受けることもあります。新しい浄水方法を開発したり、週末に送水ポンプや水漏れの修理をしたりして、人々に親身なサービスを提供しようとしている従業員にとっては、悲しいことです。ですから、私たちがバングラデシュでソーシャル・ビジネスを始めると発表すると、従業員は喜びました。新しい風が吹き込んできたからです。ヴェオリア・ウォーターの従業員は、水問題の解決に積極的に貢献していきたいと思っています。グラミンとの合弁事業は、その大きなチャンスなのです。

ヴェオリア・ウォーターは、今回の新プロジェクトから知識やヒントを得て、世界の発展途上国に応用しようと考えているはずだ。ルシュウールがR＆D部門の出身だというのは偶然ではない。そして、私たちがバングラデシュでヒ素に苦しめられている三五〇〇万人の問題を一度に解決するのではなく、小さなパイロット・プロジェクトから始めることにしたのも偶然ではない。私たちの真の目標は、バングラデシュの農村に持続可能で自立した水道システムを構築し、システムを機能・普及させる方法を学ぶことだ。それが実現できれば、社会的な利益は計り知れない。

貧しい村人に水を供給するという問題が、ヴェオリア・ウォーターの中核事業の将来に大きな影響を及ぼすのは明らかだ。これこそ、グラミン・ヴェオリア・ウォーターとグラミン・ダノン・プロジェクトの大きな違いだ。ヨーグルトとは違って、人間は水なしでは生きられない。これは、ヴェオリア・ウォーターにとって多大な政治的、心理的、社会的、経済的な問題やプレッシャーとなる。一般的に、ヴェオリア・ウォーターの顧客は公共機関であり、都市の裕福な人々にも貧しい人々にもあまねく水を供給しなければならない。たとえば、ヴェオリア・ウォーターがモロッコ王国のタンジェという都市と交わした契約では、パイプが新しくて丈夫な富裕地区と、パイプが老朽化してボロボロになっている貧困地区の両方にサービスを提供しなければならないのだ。

ここにも、ソーシャル・ビジネスの設立を検討している会社が参考にすべき教訓がある。周辺事業ではなく中核事業をソーシャル・ビジネスの発想の源にせよということだ。会社の中心的な関心に近ければ近いほど、ソーシャル・ビジネスにはやりがいや喜びが生まれる。そして、ビジネスを始めるのに必要な注目、予算、支援が集まるはずだ。さらに、経済状況が厳しくなっても、事業が軽視されたり中止されたりすることはないだろう。

ヴェオリア・ウォーターは、ヨーロッパ、南アジア、アフリカなど、世界のさまざまな地域の公共機関と契約し、貧困地域に持続可能で低価格な給水システムを届けるべく奮闘している。これまでさまざまなアプローチが試され、一定の状況で成果を上げている。

ひとつのアプローチは、富裕地域へのサービスから得た利益で、貧困地域のサービスを補うというものだ。これはグラミン・ヘルスケアが用いている「内部相互補助」のアプローチだ。グラミン・ヘルスケアは、眼科病院の手術に対し、患者の支払能力に応じて異なる価格を設定している。このようなアプローチは、グラミン・ダノンも別の方法で用いている。都市部では、ヨーグルトの価格を農村部よりも高めに設定しているのだ。

もうひとつのアプローチは、企業が電力システムと水道システムの両方を運営している場合に、電力サービスの販売から得た利益で貧しい人々の水道システムを補うというものだ（ヴェオリア・ウォーターはガボン共和国でそれを行なっている）。

もうひとつは、給水システムと支払システムをともに合理化する技術的な解決策を取り入れるという方法だ。たとえば、給水ポイントでプリペイド式の電子アクセス・カードを用いるのだ。ヴェオリア・ウォーターの給水管システム「Saqayti」（アラビア語で「私の泉」の意）では、このシステムが効率的に取り入れられている。

さらに、ヴェオリア・ウォーターは、地方自治体と協力し、ほかにもさまざまな方法で貧しい人々の水道システムの資金をまかなっている。たとえば、費用を大勢で分担する地方税の導入や、マイクロクレジットを利用した水道料金の支払いシステムなどだ。こういったアプローチは、主にアフリカの市街地で官民協同により実施されている。ヴェオリア・ウォーターがソーシャル・ビジネスという新しいモデルを積極的に試すのは、こうした社会的・経済的な実験の歴史があるからなのだ。

＊＊＊

こうして、ヴェオリア・ウォーターとグラミン・ヘルスケアはグラミン・ヴェオリア・ウォーター（GVW）を設立する合弁事業契約を結び、協同でバングラデシュのビジネス・モデルを構築しはじめた。まず、ヴェオリア・ウォーターがグラミンのもとを訪れ、「プロジェクトの拠点はどこにしましょうか。ヒ素問題が深刻な場所を知りたい。ダッカからさほど遠くなく、住民が熱烈に歓迎してくれる場所がいいのですが」と尋ねた。社内で議論を重ねた結果、グラミンは最初のパイロット・プロジェクトの場所として、ゴールマリという村を提案した。ダッカから五〇キロほど東に位置する村で、サービスの対象住民はおよそ二万人だった。

先ほども説明したように、ヴェオリア・ウォーターは貧しい人々も含め、発展途上国の人々に水を提供してきた豊富な経験がある。しかし、これまでの契約の大半は都市部だったため、バングラデシュの農村部の人々に水を提供するというのは今までにない難問だった。農村部は人口密度が低いだけでなく、乾季と雨季で環境がまったく変わるため、給水プロジェクトに技術的な難問を生み出していた。

しかし、さらに重大なのは、バングラデシュ農村部の社会的・経済的な問題だった。ＧＶＷは、新たな給水サービスを村の社会構造に組み込み、あらゆる所得水準の顧客を惹きつける必要があった。そして、今まで家族の長期的な健康と引き替えに無料《ただ》で手に入れていた水にお金を払うよう説得しなければならなかった。

私たちの合弁事業では、当初から互いの役割は明確だった。ヴェオリア・ウォーターが専門技術を提供し、グラミンが村人とのつながりや、社会的・経済的な知識を提供した。私は、ＧＶＷのチーム・メンバーとともに何度もゴールマリを訪れ、住民と会い、ソーシャル・ビジネスの考え方や新たな給水システムの重要性について説明した。また、バングラデシュではヴェオリア・ウォーターというフランス企業はまだ無名に近かったため、企業の役割についても説明した。さらに、ＧＶＷは、地元の学生を雇って簡単な訪問調査を実施してもらい、水の潜在的な顧客数の初回評価も行なった。

ヴェオリア・ウォーターの行動はすばやかった。覚書の締結からわずか三カ月後の二〇〇八年三月には、もうプロジェクトを開始していた。アントワーヌ・フレロはこう説明する。

プロジェクトの採算性の調査や施設の設計に何カ月も費やすのではなく、なるべく早く場所を見つけ、土地を買い、プロジェクトを開始して、やりながら学ぼうと考えました。

この「やりながら学ぶ」というアプローチが可能だったのは、最初のプロジェクトの規模が小さく、投資が少額ですんだからです。数百万ユーロを投じて大規模な施設を作れば、投資全体がパーになる可能性もあります。ですから、まずは小さく始め、やりながら学ぶことにしました。いわば、R&Dへの投資です。知識を得るには、それなりの対価を払わなくてはなりません。

この言葉には、ソーシャル・ビジネスの設立を考えている人々にとって重要な教訓が含まれている。小さく始めることには多大なメリットがあるということだ。小規模ならすぐにでも始められる。そうすれば、ミスから学び、方向転換をし、着実に改良を積み重ねることができる。さまざまなグラミン・ビジネスを運営してきた経験から言えば、これこそ真にイノベーティブな企業を作る最善の道なのだ。そして何より、創造力を発揮できる刺激的で楽しい道でもある。

農村部に水を供給するという技術的問題は、ヴェオリア・ウォーターが以前に開発したシステムを用いれば解決できることがわかった。バングラデシュの場合、ヴェオリア・ウォーターは従来の浅井戸から汲んだ地下水ではなく、メグナ川から引いた地表水を処理している。その理由は、地下水の処理と比べて費用がかなり少額ですむだけでなく、廃棄物の処理が不要だからだ。浄水プロセスには、活性炭による濾過と塩素処理というごく一般的な方法を用いている。しかし、濾過した水は飲食や料理のみに使われる予定だったので（洗濯などはヒ素に汚染された水で行なっても安全なため）、一時間当たりわずか一〇立方メートルという小容量の設備で農村部にサービスを提供するよう、システムを改良しなければならなかった。

ヴェオリア・ウォーターは水処理施設にふたつの異なる技術モデルを検討した。ひとつは、コンクリートの土台に固定式の施設を建設する方法。もうひとつは、移動式の小さな装置を用いるという方法。災害発生時に地方の難民に水を届けるのに使われるような装置だ。結局、ヴェオリア・ウォーターは固定施設の建設を決めた。

処理水の目標販売価格は、私が最初にヴェオリア・ウォーターに提示したとおり、施設で購入する場合は一〇リットル当たり一タカだった。しかし、村のほかの場所で販売する水はそれよりも高額にせざるをえなかった。給水管の設置や維持に費用がかさむからだ。さらに、水の販売員に手数料を支払う必要もある。販売するのは地元の女性チーム（「グラミン・レディ」）で、現在は一一人が村の知り合いや隣人に水を売っている。グラミン・ヴェオリア・ウォーターは、場所によって商品の料金を変えるという方法が村人に受け入れられないと考え、一律で一〇リットル当たり三タカとした。

グラミン・ヴェオリア・ウォーターの推定によると、一般的な世帯では飲用・料理用の水が一日に約三〇リットル必要だ。つまり、一日のコストは約九タカになる。バングラデシュの貧しい家庭にとっては無視できない金額だが、大半の家庭は支払えるだろう。

GVWは、水処理施設を建設し、半径二キロ以内に給水管と給水ポイントを設置した。これにより、村の一四カ所できれいな水が汲めるようになった。施設は二〇〇九年三月に稼働を開始し、給水管は六月から使用開始された。施設にはGVWが雇用・研修した現地の六人のバングラデシュ人と、フランス人の技術者がひとり配置されている。問題が発生した場合は、ヴェオリア・ウォーターのインド・オフィスに相談や支援を求めることができる。

技術的な観点から見れば、すべてが順調だった。GVWの処理施設から濾過された水の最初の一滴が流れ出たときは、誰もが喜びの声を上げた。健康によい新しい水を試飲しようと、地元の男性、女性、子どもが土製や金属製の瓶《かめ》やびんを持ち寄り、施設の前や給水ポイントに列をなす光景は圧巻だった。ゴールマリの人々はようやく病気とは無縁な飲み水を手に入れたのだ。

しかし、グラミン・ヴェオリア・ウォーターには大きな試練が待ち受けていた。

＊＊＊

数日が経つと、村人はほとんど水を買わなくなった。学生チームが調査したときの喜びようはまるで嘘のようだった。

月間の売上がそれをまざまざと物語っていた。その原因はなんなのか？

現在、GVWチームはこの疑問の答えと解決策を明らかにすべく取り組んでいるところだ。現時点で私たちが立てた仮説は次のようなものだ。

村人が抵抗する原因はいくつかあると考えられる。大きな問題のひとつは価格だ。高めの料金設定があだとなり、GVWは一日に約二五〇〇リットルしか販売できていない。つまり、対象人口の一〇

～一五パーセントしか利用していないということだ。

ふたつ目の問題は、すべての村人ではないにせよ、多くの村人には水にお金を払う習慣がないことだ。唯一の例外は、地元のレストラン、カフェ、店舗でグラス単位で買う飲料水だ（買うのは男性がほとんどだ）。価格はグラス一杯当たり一タカで、GVWが販売している水よりもはるかに高い。しかし、自宅で飲む水となると、大半のバングラデシュ人には買う必要性や余裕がないのだ。

三つ目の問題は、飲み水に含まれるヒ素の健康リスクが目に見えないということだ。病変やがんが発生するまでには何年もかかるため、健康被害はすぐには表われない。水を飲んですぐさま病気になる村人はいないし、味もまったく問題ない。その結果、純粋な水を買う必要性がいまひとつ納得できないわけだ。ヒ素が健康にリスクをもたらすと理解している人でさえ、それほど問題を深刻にはとらえていない。「この水で二〇年後に病気になるだって？　どうだかね。二〇年後に生きているかどうかもわからない。そんなことを心配してどうなる？」と考える人もいるだろう。

これはバングラデシュ人に特有な問題ではない。人間は誰だってそうなのだ。経済学者、社会学者、心理学者が行なった数々の実験や研究が示すように、どの国の人でも、長期的な問題を短期的な問題と同じように真剣にとらえるのは難しい。ヨーロッパやアメリカでも、裕福で教養のある人々の多くが、過食、飲酒、喫煙の問題を抱えている。往々にして〝悪い〟行為はすぐに満足をもたらすが、健康被害が表われるのは何年も先だからだ。

最後の問題は、現地の人々の全員がヒ素の影響を受けているわけではないという点だ。比較的裕福な人々は、深さ一〇〇メートル以上の井戸を掘れるため、ヒ素に汚染されていない水が飲める。ゴールマリには、WHOの基準を満たす掘り抜き井戸は約二五パーセントしかないが、逆に言えば二五パーセントは確かに存在しているということになる。したがって、きれいな水が手に入る家庭にとっては、水質問題は深刻とはいえない。

これらの問題を解決するにはどうすればよいのだろうか？　GVWを持続可能なソーシャル・ビジネスとして成功させるには（そして、ゴールマリ住民の水の利用習慣を改善し、ヒ素で不要な病気にならないようにするには）、なんらかの解決策を見つけ出す必要がある。

GVWチームは解決策を模索しつづけている。二〇一〇年、GVWの取締役会によって新たな戦略が承認された。村人向けの処理水にはそれほど需要がないため、処理施設の九五パーセントが未利用のままだ。それなら、二〇リットル入りのミネラル・ウォーターを法人や組織に販売してはどうか？　その市場セグメントから利益を得られれば、値下げという形で農村部の消費者に利益を還元できるだろう。目標は、当初の計画どおり、価格を一〇リットル当たり一タカまで下げ、農村部のネットワークを拡大し、より多くの村人に利用してもらうことだ。

ふたつ目の戦略は、販売者を介さずに世帯グループに販売することだ。そして、三つ目の戦略は、比較的裕福な村人（つまり、屋内に給水管を接続し、毎月の水道料金を支払う余裕のある住民）の自宅に直接水道を引くという方法だ。

私たちは、当初の行動計画を引き続き追求していくつもりだ。つまり、水の健康リスクや社会問題を解決するために、できるだけ安い価格で、健康によいきれいな水を農村部に届けたいと考えている。その鍵となるのは内部相互補助だろう。つまり、裕福な人々に高めの値段で水を販売することで、貧しい人々の負担を抑えるのだ。多種多様な顧客に水を販売するさまざまなマーケティング・プログラムを開拓することで、発展途上国のあらゆる場所に応用できる持続可能な給水システムが生まれるかもしれない。

ＧＶＷのエピソードは、グラミン・ダノンのエピソードといくつかの共通点がある。ヨーグルト・ビジネスの難問のひとつは、商品の販売経路を見つけることだった。ヨーグルトを訪問販売する現地のグラミン・レディ、工場での直販、地方や都市部の店舗販売など、さまざまなマーケティング・プログラムを組み合わせる方法を見出すまでには、多くの時間と実験が必要だった。ＧＶＷはまだ始まったばかりだが、給水ビジネスを成功させるには、グラミン・ダノンと同じようにさまざまな販売経路を掘り起こし、それぞれに合った価格を設定しなければならないだろう。

もちろん、プロジェクトにかかわっている企業という点では大きな違いがある。ダノンは、すでに世界中のスーパーマーケットを通じて顧客に商品を直接販売しているため、マーケティングはお手のものだ。一方、ヴェオリア・ウォーターは通常は消費者に商品やサービスを直接販売しているわけではない。したがって、グラミン・ダノンが用いた小売ネットワークやテレビＣＭなどのマーケティング手法は、ダノンにとっては中核業務の一部だったが、ヴェオリア・ウォーターにとっては未経験の分野だったのだ。

しかし、GVWはこの難問に果敢に挑んでいる。目標は、二〇一〇年末までに多角的で実行可能なマーケティング・流通システムを築き上げることだ。できることなら、ほかの村でも応用可能なシステムを構築したいと考えている。それがうまくいけば、安全な飲み水を必要としているバングラデシュ全土の町に計画を拡大できるはずだ。

＊＊＊

このように、グラミン・ヴェオリア・ウォーターの物語は今もなお続いている。本書が刊行されるころには、物語に新たな展開が訪れているかもしれない。私たちの目の前にはいくつかのマイルストーンが立ちはだかっている。二〇一一年には、別の村に第二の水処理施設を設置する予定だ。加えて、二〇一二年までにさらに三つの施設を建設し、一〇万人にサービスを提供するのが目標だ。現在の長期的見積もりによると、総額約二億五〇〇〇万ドルを投じれば、バングラデシュ全体のヒ素問題を解決できると考えられている。健康問題の深刻さと比べれば、非常に安上がりといえる。

それと同時に、ビジネス・モデルの実験も引き続き行なっていく予定だ。私は、「目標を念頭に置きつつも、状況や知識の変化に応じてやり方を変える」という明確な鉄則を掲げている。GVWの場合、「貧しい人々に安全な飲み水を低価格で安定して届ける」という中心的な目標を念頭に置いているかぎり、プロジェクトの採算性を高めるさまざまな方法を試すのはまったく問題ない。

グラミン・ダノンと同じように、私たちはプロジェクトのメリットを実証すべく、外部の協力を得てプロジェクトの社会的影響を調査・測定している。下痢性疾患やヒ素汚染に関して専門的な知識を持つバングラデシュの研究・臨床・調査組織、「バングラデシュ国際下痢性疾患研究センター」は、GVWの技術スタッフと協力して、ゴールマリ住民の水の利用習慣を調査し、プロジェクトの健康メリットを検証している。この調査の結果が明らかになり次第、世界に公表する予定だ。そして、もちろんその結果を利用して事業の将来的な改善計画を練りたいと考えている。

パリでは、ヴェオリア・ウォーターのエリック・ルシュユウールとCEOのアントワーヌ・フレロが、GVWへの投資を継続するべく、懸命に説得に当たっている。ヴェオリア・ウォーターではソーシャル・ビジネスに対する熱狂的な支持はいまだに根強いが、社内には「なぜバングラデシュでは利益を度外視するソーシャル・ビジネスを行ない、同じく貧困者の多い隣国のインドでは従来型の営利事業を営んでいるのか」と疑問を持つ人もいる。しかし、ひとつの会社にソーシャル・ビジネスと営利事業が共存するのはなんら不思議ではない。事業の目的は異なるが、お互いの事業から継続的に学ぶことができる。私は、バングラデシュでの学習プロセスを終えれば、ヴェオリア・ウォーターはインドでもソーシャル・ビジネスを始めると確信している。ヴェオリア・ウォーターの唯一の課題は、ふたつの市場を分ける独創的な方法を生み出すことだ。会社の利益を「守る」ために、一部の人々を完全に無視するというのは、あってはならないことだ。水質汚染で亡くなる人々、ヒ素汚染で病気になる人々、健康上の理由で貧困から抜け出せない人々を放っておいたままでは、営利事業の未来はない。

ソーシャル・ビジネスでこれらの問題をすべて解決できるとしたら、営利事業にも明るい未来が待っているはずだ。

私は、ヴェオリア・ウォーターがGVWプロジェクトを非常に真剣にとらえていると確信している。ヴェオリア・ウォーターにとって、GVWはCEOの個人的なプロジェクトではない。絵画コレクションや競走馬のような単なる趣味でもない。世界のヴェオリア・ウォーターの長期的ビジョンの一部なのだ。ルシュウールはこう説明する。

安定して水を供給するには、水に一定の価格をつけざるをえません。問題は、価格をいくらにするのか、それをどうやって決めるのか、そして最貧困層の人々も含めて誰でも水を買えるようにするには、どのような給水システムを構築すればよいのか、という点です。私たちは、理想主義的な方法ではなく現実主義的な方法でこの問題に取り組みたいと考えています。そして、その答えの鍵となるのがソーシャル・ビジネスだと信じています。

ソーシャル・ビジネスと営利事業は、いずれも世界の水需要を満たす上で欠かせない貴重な役割を果たす。市民の代表である公共機関と民間企業がパートナーシップを結ぶのは、世界中でよく見られる光景だ。その新しい選択肢として、私はソーシャル・ビジネスを広めたいと考えている。そうすれば、公共機関と営利企業のどちらもが、安全な水がなくて苦しんでいる人々に安全な水を届けるソーシャル・ビジネスを設立できるのだ。私たちは、水汚染という巨大な社会問題を解決するために、創造力を総動員しなければならない。独創的なソーシャル・ビジネスが問題解決の助けになるとすれば、心強い味方といえるだろう。

私たちは、バングラデシュでの実験を通じて、この考えを実証したいと考えている。そして、きっとその価値が証明されるはずだ。社会の全員に水を届けるという問題は、今後数十年間でますます重要性を増していくだろう。したがって、私たちの実験には大きな意義がある。

私たちがゴールマリ・プロジェクトをこれほど急いでいるのはそのためだ。私たちのプロジェクトは、ゴールマリの人々にとって利益になるだけでなく、世界が切実に必要としているソーシャル・ビジネスという概念にとっても利益になるだろう。

したがって、ゴールマリ・プロジェクトは重要な社会実験といえる。この最初の〝ソーシャルR&Dプロジェクト〟で経済やビジネスの革新に成功すれば、今後世界中にさまざまな改善をもたらすきっかけになるだろう。

第七章　ソーシャル・ビジネスのグローバル・インフラの構築

私がソーシャル・ビジネスというアイデアを考案し、世界を変えるソーシャル・ビジネスの潜在能力に気づきはじめたとき、そのアイデアを現実に変えるためには仲間や支援者が必要だと感じた。

幸いながら、グラミン銀行やマイクロクレジットに世界の注目が集まったおかげで、ソーシャル・ビジネスの考え方を一般の人々に説明する足がかりを得ることができた。『貧困のない世界を創る』はその考え方をさらに詳しく説明するのに大いに役立った。幸運にもこの本はベストセラーとなり、世界中の読者から支持が集まりはじめた。

支持者たちの中には、ソーシャル・ビジネスの考え方に関心を持ち、自らも試してみたいと考えるビジネス・リーダーたちもいた。すでに本書では、グラミン・ダノンやグラミン・ヴェオリア・ウォーターなど、そういった実験のエピソードをいくつか紹介してきた。今後の章でも、あといくつか紹介したいと考えている。

もうひとつの重要な支持者グループは、非営利組織、NGO、財団、慈善団体の人々だった。その多くが、ソーシャル・ビジネスのことを、世界に持続可能で拡大可能な変化を引き起こす貴重な新手段と考えるようになった。ローレンス・フォークナー医師やエウジェニオ・ラ・メーサがその例だ。

しかし、実際にソーシャル・ビジネスを営んでいる人々や組織（私は「ソーシャル・ビジネス実践《プラクティ》者《ショナー》」と呼んでいる）に加えて、「ソーシャル・ビジネス思考者《シンカー》」とでも呼ぶべき重要な層が現われはじめている。こういった人々や組織は、ソーシャル・ビジネスの根底にある考え方を調査・研究し、世界に伝えている。ソーシャル・ビジネスの一種の〝知的インフラ〟を築き上げ、私の考えたソーシャル・ビジネスに具体性、深み、アイデアを補い、ソーシャル・ビジネスに関するさまざまな疑問や問題に取り組んでいるのだ。

私は、ソーシャル・ビジネスという考え方がこれほど早く研究や学問の世界に浸透したことを大変うれしく思っている。さまざまな学術機関がすでに専門の教職やプログラムを設けており、講座の実施、ソーシャル・ビジネスの調査や普及、教授・学生・企業間の橋渡し、アイデアやビジョンの具体化などを行なっている。こういった取り組みは非常に意義深い。なぜなら、ソーシャル・ビジネスの考え方が一流の教育機関でも認められはじめているという証拠だからだ。学者たちがソーシャル・ビジネスの考え方に敬意を示しているとなれば、ビジネス業界も取り入れやすい。こういった教育機関は、ソーシャル・ビジネスの実験を推進する大きな役割を果たしているといえよう。

ユヌス・センター

ユヌス・センターは、グラミン関連のすべてのソーシャル・ビジネスや、世界中のソーシャル・ビジネス機関を支える組織として、二〇〇八年八月に設立された。ラミヤ・モシェッド率いるユヌス・センターは、バングラデシュの首都ダッカのグラミン本社内にある。大半のグラミン企業とはエレベーターで気軽に行き来できるため、グラミンの資産を活かしてソーシャル・ビジネスの設立を支援することができる。

ユヌス・センターには、ソーシャル・ビジネスのアイデアや活動に関するあらゆる情報や資産が集約されている。私たちが設立したソーシャル・ビジネス企業のほとんどは、ほかのグラミン組織とパートナーシップを締結する前に、ユヌス・センターで最初のビジネス・コンセプトが練られた。ユヌス・センターは、ソーシャル・ビジネスの進捗状況を監視したり、世界中の社会的活動とのつながりを促進・維持したり、イベント、ソーシャル・メディア、出版物、ウェブ・サイトを通じてソーシャル・ビジネス運動の啓蒙を行なったりしている。また、ディスカッションを実施してソーシャル・ビジネスの新たな分野を探ったり、ソーシャル・ビジネスの考え方や実践方法に関するワークショップやラボを開催したり、ソーシャル・ビジネスを自国で始めるために実地体験したいという世界中の若者にボランティアのインターンシップ制度を提供したりもしている。

グラミン・クリエイティブ・ラボ（GCL）

ドイツのヴィースバーデンにある「グラミン・クリエイティブ・ラボ」は、ソーシャル・ビジネスの世界的な取り組みを成長させる原動力の役割を担ってきた。最近では、大手企業との合弁事業など、世界レベルのソーシャル・ビジネスの設立を支援するサービスがますます求められるようになっている。そこで、GCLは非常に頼もしい特別チームを築き上げた。フランクフルト近郊にあるヴィースバーデンという市を拠点に、ソーシャル・ビジネスの普及、グラミンのソーシャル・ビジネスの育成、新たなソーシャル・ビジネスの設立支援という三つの取り組みを主に行なっている。GCLは、「シティ・イヤー」を創設したアメリカ人社会起業家のアラン・カゼイの言葉を借りて、自身を「アクション・タンク」と呼んでおり、「シンク・タンク」が行なうような研究・分析と、アイデアを現実に変える実践的なステップの両方を実施している。

GCLは、ハンス・ライツの個人的な活動から設立された組織だ。ライツは、ビジネスに対する情熱だけでなく、貧困との闘いには欠かせない「思いやり」をも持ち合わせているたたき上げの起業家だ。彼は私の三年来の友人でもあり、相談役でもある。彼はよく冗談で「YYウイルスを広める」のが私たちの仕事だと言う（ユヌスのYだ）。第一章でも説明したように、彼は特にソーシャル・ビジネスの基本的な特徴を七つの原則にまとめる手助けをしてくれた。

ライツと初めて出会ったのは、私が二〇〇七年にベルリンを訪れていたときだ。彼はドイツの有力なビジネス・リーダーを何人も紹介してくれたのだが、私は彼の創造力に惹かれていた。彼は私たちの仕事に興味があるらしく、いくつも突っ込んだ質問をしてきた。その直後、彼が私たちに会うために初めてバングラデシュを訪れると、私は彼を連れてグラミン企業を何社も回った。ライツはインドの農村部で何年か暮らしたことがあり、貧困問題を熟知していた。長い髪につば広の帽子、よれよれの服に未来風の靴という一風変わった風貌の彼は、私たちの村では注目の的だった。彼はバングラデシュ訪問中にグラミンをじっくりと観察すると、グラミンのさまざまな活動や写真家ロゲール・リヒターの感動的な写真がまとめられた本『尊厳の力（*The Power of Dignity*）』を出版した。

ライツは、インドのケーララ州の森林農業、ドイツのコーヒー・チェーン、広告代理店（サーク社）、企業の社会的責任（ＣＳＲ）に関するコンサルタント会社（サーク・レスポンシビリティ社）など、さまざまな事業に次々と携わってきた起業家だ。さらに、彼は南インドの古典音楽を七年間研究した経験もあり、インドの芸術とライフスタイルの両方に造詣が深い。

私はまず、ライツをユヌス・センターのクリエイティブ・ディレクターに任命した。その後、二〇〇八年にサーク・レスポンシビリティとユヌス・センターの合弁事業として「グラミン・クリエイティブ・ラボ」の設立を決めた。

最近、ライツはサーク・レスポンシビリティ社そのものをソーシャル・ビジネスに転換することを決意した。現在、ＧＣＬはライツに替わりサスキア・ブロイスンによって運営されている。彼女は魅力的かつ精力的なボストン・コンサルティング・グループの元コンサルタントだ。ＧＣＬは次第にバングラデシュ国外のすべてのソーシャル・ビジネス・プロジェクトの原動力となってきた。同時に、

ＧＣＬにはさまざまな経歴を持つ国際的な若い人材が増え、どんどん大きく成長しつづけている。

ソーシャル・ビジネスであるＧＣＬは、経済的に持続可能な運営を続けながら、貧困の撲滅という目標を追い求めている。持続可能な経営が実現するまでは一年ほどかかったが、二〇〇九年の後半には損益分岐点売上高に達した。ＧＣＬは、最長三カ月間のボランティア・インターン制度を設けており、現場でソーシャル・ビジネスについて学ぶ機会を提供している。インターン期間中に顧客の発掘やプロジェクトの開発を通じてＧＣＬの事業拡大に貢献した人々は、有給スタッフや正社員として雇われる場合もある。ＧＣＬの運営費はさまざまな営利活動によってまかなわれている。たとえば、ソーシャル・ビジネスの設立を検討している大企業、政府、財団、個人などのコンサルティングを行なったり、セミナーやイベントを開催して出席者から参加料を集めたりしている。

当初、コンサルティング収入を上げるのは難しかった。ソーシャル・ビジネスの設立に興味がある企業は、ソーシャル・ビジネス・プロジェクトへの投資を慈善的な行為ととらえていたので、グラミンが無料で解決策を提供してくれるものだと思っていた。したがって、グラミン組織にコンサルタント料や指導料を支払うという発想がなかったのだ。しかし、ＧＣＬが説得を続けた結果、多くの企業がＧＣＬの専門知識を利用する方がビジネスに有利だと納得してくれるようになった。そして、その専門知識を将来の利益につなげようとするなら、対価を支払うのが筋だと考えるようになった。ＧＣＬは過去のソーシャル・ビジネスの経験や知識を収集し、ビジネス・プロセスの専門的なサポートを提供し、独創的なソーシャル・ビジネスの発案を手助けしている。

GCLはすでにこの三つの分野で大躍進を遂げている。私自身、その勢いには驚かされるばかりだ。GCLは、ソーシャル・ビジネスという考え方の啓蒙や普及に関して、いくつかの役割を果たしている。まず、ソーシャル・ビジネスに関心のある世界各国の人々が顔を合わせ、考えや体験について話し合うクリエイティブ・ラボを定期的に開催している。このワークショップはすべての参加者にとって非常に刺激的でためになる。さらに、ソーシャル・ビジネスに関心のある企業幹部、学生、財団、政府官僚、学者などにソーシャル・ビジネスの概念や手法を教える集中講座も提供している。また、GCLは二〇一〇年後半に東ヨーロッパで一連のワークショップを開催し、ソーシャル・ビジネスの情報を発信する予定だ。

ソーシャル・ビジネスに関する情報をできるだけ広く届けるために、GCLはサーク社のイベント管理チームの力強い協力を得て、大規模なイベントも開催している。たとえば、二〇〇九年一一月には、ドイツのヴォルフスブルクでグローバル・グラミン・ミーティングが開催され、ソーシャル・ビジネスの支援者やパートナーが初めて一堂に会した。偶然にもベルリンの壁の崩壊二〇周年記念と重なったおかげで、貧困という〝次なる壁〟を壊す必要性を強く訴えることができた。今後は、毎年一一月にソーシャル・ビジネス・サミットを開催する予定だ。学者、学生、起業家、社会活動家、投資家、企業など、ソーシャル・ビジネスの設立に関心のある人なら誰でも参加は大歓迎だ。二〇一〇年のサミットはフォルクスワーゲンの主催により、ドイツのアウトシュタットで開かれる。また、二〇一一年はクレディ・アグリコルの主催によりパリで開催される予定だ。

ＧＣＬは、ヨーロッパの有力なビジネス・リーダーや市民リーダーにソーシャル・ビジネスの考え方を広める大きな役割を果たしてきた。たとえば、イタリアのミラノ市長のレティツィア・モラッティは、ＧＣＬと協同で、ソーシャル・ビジネスが未来の経済に対して果たす大きな役割を訴えている。また、グラミンとウニクレーディト社による「グラミン・イタリア」の設立も支援している。さらに、「地球を養う、命のためのエネルギー」をテーマにしたミラノ主催の二〇一五年国際博覧会（ミラノ万博）では、ソーシャル・ビジネスを大きく取り上げる予定だ。

ＧＣＬはこれまで、ＢＡＳＦ、商社のオットー、スポーツ用品メーカーのアディダスとの合弁事業など、大規模な新規ソーシャル・ビジネスの活動を支援してきた（これらのプロジェクトについては、次章で詳しく説明する）。新規ソーシャル・ビジネスの設立に当たって、バングラデシュ国内のプロジェクトに関してはグラミンが合弁事業の潜在的なパートナーとなる。それ以外のプロジェクトに関しては、ＧＣＬがグラミンのノウハウを、グラミンとは独立した新規ソーシャル・ビジネスに提供することになる。

ソーシャル・ビジネスは誰でもどこでも設立できる。ユヌス・センターとグラミン・クリエイティブ・ラボは、ソーシャル・ビジネスを設立し、その考え方を世界に広め、貧困などの経済的・社会的な問題を解決しようとしている人なら、誰の相談にも乗るつもりだ。ＧＣＬのウェブ・サイト（http://www.grameencreativelab.com/）のコミュニティ・ページでは、興味のある人々がオンラインでソーシャル・ビジネスの知識を深めたり、ソーシャル・ビジネスに参加したりすることができる。成功するソーシャル・ビジネスが、成長の可能性をたっぷりと秘めた種だとするなら、ＧＣＬの人々は世界中の果樹園に種を蒔いて回る宣教師のようなものだ。そして、その果樹園はすぐに美味しい果物でいっぱいになるだろう。

ソーシャル・ビジネスを探究・育成する大学センター

大学は、ソーシャル・ビジネスの未来を形作る上で重要な役割を果たす。大学には、ビジネス、経済学、医療、政府、社会福祉、エンジニアリング、ＩＴなど、ありとあらゆる分野の研究に携わってきた教授や研究者がいるため、膨大な量の知識が集約されている。学生も価値ある資源だ。情熱、理想、好奇心にあふれる若者たちは、新たな考え方を探求し、自分たちの担う世界に大きな影響を与えたいと思っている。さらに、大学は社会に認められた中立的な市民組織だ。したがって、政府機関、営利企業、慈善団体、財団、市民グループなど、さまざまな組織と実り多い関係を結べる。私がグラミン銀行を設立するきっかけになったのも、大学という環境の中だった。そのころ、私はチッタゴン大学で経済学の教授をしており、学生たちには大いに支えられた。当時の学生の多くが、グラミン銀行を一生涯の職場として選んでいる。

今日では、世界中の大学が次世代のソーシャル・ビジネスの仲介役や橋渡し役として名乗りを上げている。その興味深い一例が、スコットランドのグラスゴー・カレドニアン大学だ。

グラスゴーは多種多様な人々が住む歴史的な都市であり、深刻な社会問題や経済問題を抱える都市としても知られている。「脱工業化都市」としてよく引き合いに出されるグラスゴーでは、かつて数多くの家庭の暮らしを支えてきた企業が次々と撤退している。グラスゴーの人々は、多くの都市（アメリカ北中西部の〝さび地帯〟にある都市など）と同じように、二一世紀産業の新たな雇用機会を探すのに苦労している。こういった経済問題は大きな社会的影響をもたらした。そのひとつが健康への影響だ。グラスゴーはヨーロッパの中でもっとも健康格差が大きい都市のひとつだ。グラスゴーには男性の平均寿命が八〇歳を超える地区がある一方で、六〇歳に満たない地区もある。

私がこの問題を知ったのは、グラスゴー・カレドニアン大学から名誉学位の授与式に招待されたあとだった。私はしばらくスコットランドに行けなかったのだが、二〇〇八年一一月にようやく学位の授与式と公開講義のために現地を訪れた。私は大学にいる時間を利用して、学長のパメラ・ギリーズらと会議や議論を重ねた。その結果、大学が社会問題の新しい解決アプローチの普及や開発に貢献するさまざまな方法が提案された。

ひとつ目に、グラスゴー・カレドニアン大学の健康・福祉研究所を拠点とする「グラミン・カレドニアン・クリエイティブ・ラボ」を設立することが決まった。このラボは、二〇一〇年春に正式に業務を開始し、「ユヌス・センター・フォー・ソーシャル・ビジネス・アンド・ヘルス」が設置される予定だ。センターのトップにはカム・ドナルドソンが就任し、ソーシャル・ビジネスの〝ユヌス教授職〟を与えられた。彼は高名な学者で、一風変わった経歴の持ち主だ。経済学者でもあり、かつてイングランドのニューカッスル大学のビジネス・スクールで健康・社会研究所のトップを務めた経験もある。したがって、健康、経済、ビジネスという三つの視点からソーシャル・ビジネスの新しいアイデアを開発、実施、検証できるというわけだ。

ふたつ目に、大学はグラミン銀行と協同で「グラミン・スコットランド」というマイクロクレジット組織を設立し、特に若い失業者を対象に自営業の開業資金を提供することを提案した。グラスゴーのサイトヒルという寂れた地域を実験の場として利用し、グラミンと大学が協同で地元のニーズや文化に合ったプログラムを開発するというものだ。プログラムの難問のひとつは、第三世代の失業者を惹きつけ、クレジット・プログラムの支援する起業活動に参加させることだ。グラミン・トラストのCEO、H・I・ラティフィー教授は、すでにグラスゴーを訪問し、二〇一〇年中にこのマイクロクレジット・プログラムを開始すべく、詳細な計画を練っているところだ。

興味深いのは、グラスゴー・カレドニアン大学やスコットランドのさまざまな機関の研究者たちが、この新しいグラミン・プログラムを長期にわたって詳しく研究し、マイクロクレジットの社会的・経済的な影響を調査する予定だということだ。特に注目されているのは健康への影響だ。まずは一〇年間にわたって、「グラミン銀行の借り手の家族は健康状態が改善しているか？」、「障害、慢性的な症状、生死にかかわる病気は減少しているか？」、「平均寿命に影響はあるか？」、「乳児死亡率や重大な小児病に影響はあるか？」、「精神衛生の指標はどう変化するか？」といった疑問が検証される。

この世界初の研究によって、マイクロクレジットと健康の間に深い関連性が証明されることが期待されている。これに成功すれば、政府や社会福祉団体が、国家、地域、自治体の発展性を高める道具としてマイクロクレジット（あるいはソーシャル・ビジネス全般）を用いる強力な根拠になるはずだ。

注目すべきは、この画期的な研究がグラスゴーで行なわれるということだ。グラスゴーといえば、アダム・スミスが「道徳哲学」について説き、自由市場に関する画期的な著書『国富論』を執筆した都市だ。その都市が今度は、資本主義制度を次なる段階へと進化させる中心的な役割を果たそうとしている。社会の福祉を心から気にかけ、道徳的な行動を生み出す「同感《シンパシー》」の力を信じていたスミスなら、この試みを理解して応援してくれるのではないだろうか。

三つ目に、グラスゴー・カレドニアン大学はグラミンと手を組み、バングラデシュの医療を改善するソーシャル・ビジネス・プロジェクトに取り組もうとしている。大学の元看護学部長のバーバラ・パーフィット教授がバングラデシュを訪れ、約一年をかけてグラミン銀行の借り手の家庭で育った少女を一流の看護師に育てるグラミン・カレドニアン看護学校の設立準備を行なった。学校は二〇一〇年三月一日に開校し、パーフィット教授がトップに就任した。一期生として約四〇名の学生が集まり、その全員が学費をまかなうためにグラミン銀行から奨学金を受け取っている。卒業した学生には、グラミン・ヘルスケアの仕事が保証されている。月給は一万五〇〇〇タカ（約二一五ドル）と、新卒者にしてはかなり魅力的な金額だ。国外で働きたい学生には、グラミン・ヘルスケアが国際的な仕事の斡旋を行ない、グラミン銀行が移住費用を融資する予定だ。これにより、グラミンの借り手の家庭で育った若い女性にとって、看護師は魅力的な職業になるはずだ。村で平凡な人生を送る代わりに、尊敬される医療の専門家となって国内や国外で働き、自分自身、家族、村を変えることができるのだ。

このように、グラスゴー・カレドニアン大学を通じて、バングラデシュとスコットランドの人々はともに多面的な双方向のパートナーシップを結ぼうとしている。これは両者の利益になるはずだ。今後、私たちはパートナーシップをそのほかのさまざまなソーシャル・ビジネスへと拡大していくことになるだろう。大学側は主に知的活動でリーダーシップを発揮し、研究を通じてソーシャル・ビジネスの生み出す利益を証明することになるだろう。大学の副学長のマイク・スミスも、私と同じく期待をかけている。「グラミンとの協同プロジェクトから、グラスゴーやスコットランドだけでなく、ヨーロッパ全体に影響を及ぼす教訓やアプローチが得られるかもしれません」

このプログラムは、ソーシャル・ビジネスに照準を合わせた世界中の大学プロジェクトの一例でしかない。

カリフォルニア州立大学チャンネル諸島校に拠点を置く「カリフォルニア州ソーシャル・ビジネス研究所」は、学長のリチャード・R・ラッシュ教授の献身的な努力によって設立された。彼はこの研究所を新しい大学に欠かせない一部と考えており、一年近くかけて集中的な準備を行なった。計画では、大学の各学部や「マーティン・V・スミス・スクール・オブ・ビジネス・アンド・エコノミクス」で、マイクロファイナンスに関するさまざまな講座や、ソーシャル・ビジネスを扱う野心的なカリキュラムを提供する予定になっている。

研究所はようやく二〇一〇年二月に慌ただしくオープンした。毎年恒例の大学の「キャンパス読書式典」では、第六回の課題図書に『貧困のない世界を創る』が選ばれ、四一〇〇人の学生全員と数百人の教職員が本を読み、議論を交わした。さらに、一五〇〇名の地元の有力者やVIP、多くの学生や教授が参加し、協会のオープニング・セレモニーが開かれた。セレモニーでは、コンラッド・N・ヒルトン財団のCEO兼社長で、慈善家として有名なスティーブン・M・ヒルトンに最初の「ユヌス・ソーシャル・イノベーション勲章」が授与された。

現在、研究所はさらなるカリキュラムを開拓し、ソーシャル・ビジネス分野のコンセプトや研究機会を検討しているところだ。また、新しいソーシャル・ビジネスを支援するソーシャル・ビジネス・ベンチャー・ファンドの設立も検討している。もっとも楽しみなのは、年一回開催されるソーシャル・ビジネス計画のコンテストだろう。第一回は二〇一〇年九月に開催される予定だ。同じようなコンテストが世界中の大学のビジネス・スクールで当たり前の光景になる日を楽しみにしている。

さまざまな活動に意欲的なカリフォルニア州ソーシャル・ビジネス研究所が、今後、ソーシャル・ビジネスのイノベーションの拠点になるのは間違いないだろう。

太平洋の反対側では、まったく視点の異なる興味深いソーシャル・ビジネス・プログラムが進められている。知的財産権やハイテク・ベンチャーについて詳しい弁護士の岡田昌治教授のリーダーシップのもと、日本の福岡にある九州大学によって「グラミン・テクノロジー・ラボ」が設立された。グラミン・テクノロジー・ラボは、さまざまな日本企業と協力し、グラミン・ファミリー企業が取り組んでいる社会問題を解決するテクノロジーの利用方法を模索・開発していく。開発されたテクノロジーは開発企業とグラミン企業の共同所有となり、世界中のソーシャル・ビジネスにライセンスが供与される予定だ。

九州大学では、すでにいくつかのプロジェクトが進行している。

●ワン・ビレッジ・ワン・ポータル――ハイテク情報システムを利用して、バングラデシュの特定の村の社会、経済、教育、農業、文化に関する情報を収集・整理し、持続可能な方法で社会問題を解決する独創的なアイデアや計画を推進する試験的プログラム。

●E－ヘルスおよびE－アグリカルチャー――健康記録や農業情報のデータを管理し、個人やサービス機関がいつでもアクセスできるようにするプロジェクト。

●E－パスブック――グラミン銀行の借り手が預金や借入などの金融サービスを利用できるようにするシステム。

●代替エネルギー源の実験――太陽光、風力、バイオ燃料など、持続可能なエネルギー源の新しい生成、貯蔵、伝送、利用方法の検証。

九州大学の学生や教授が考案した解決策は、まずバングラデシュに導入されたあと、そのほかの発展途上国でも取り入れられる予定だ。

ソーシャル・ビジネスに力を注ぐもうひとつの大学プログラムが、バンコクにあるアジア工科大学院大学（ＡＩＴ）ユヌス・センターだ。二〇〇九年八月にオープンしたＡＩＴユヌス・センターは、さまざまな形態のソーシャル・ビジネスを通じて貧困問題の理解や解決に取り組んでおり、ソーシャル・ビジネス、マイクロクレジット、貧困者向けの医療、環境問題、男女平等問題など、経済発展に欠かせない話題をテーマにして定期的な短期講習を実施している。

さらに、ＡＩＴユヌス・センターは、さまざまな学問分野から選び抜かれた優秀な学生に、「ユヌス・フェロー・オブ・ソーシャル・ビジネス」の称号を与える特別な教育プログラムも提供している。私たちは、主婦、軍人、官僚など、学問の場に貴重な人生体験を提供してくれる斬新な候補者が集まることを願っている。ユヌス・フェローの称号を獲得するには、自ら選んだ地域で、ソーシャル・ビジネス・プロジェクトの発案、計画、資金調達を行ない、成功させる必要がある。つまり、ユヌス・フェローになるのは学者になるより難しい。ソーシャル・ビジネスを効果的に実践し、貧しい人々に具体的な利益をもたらさなければならないからだ。

最後の例が、パリの国際的な名門ビジネス・スクールであるＨＥＣだ。ＨＥＣでは、ソーシャル・ビジネスの教授職が設けられ、二〇〇八年四月にサルコジ大統領によってそれが発表された。初めてその座に就いたのは、高名な学者であるフレデリック・ダルサス教授だ。さまざまな学問分野の一一人の教授がこのプログラムに時間を捧げている。ＨＥＣでは、ソーシャル・ビジネスと貧困の緩和をテーマにした一〇〇時間の野心的なカリキュラムが設けられており、「ピラミッドの底辺における新しいビジネス・モデル」、「先進国におけるビジネスと貧困」、「金融とソーシャル・ビジネス」といった興味深い講座が設けられている。このプログラムにかかわる教授たちは、さまざまな企業と協力してソーシャル・ビジネス・プロジェクトに取り組みはじめている。そして、ＨＥＣの〝アクション・タンク〟活動によってフランスの貧困が大幅に減少したとわかるまでは、決して満足しないと述べている。

ソーシャル・ビジネスが世界の一流の思想家たちに受け入れられているというのは頼もしいかぎりだ。アジア、ヨーロッパ、北米の大学がソーシャル・ビジネスという概念の発展に力を注いでいるとなれば、ソーシャル・ビジネスが世界の隅々まで普及するのは時間の問題だろう。

私は、近いうちにソーシャル・ビジネスが世界中の大学やビジネス・スクールで標準課程になることを願っている。金融、マーケティング、起業だけでなく、ソーシャル・ビジネスに特化したＭＢＡの学位が取得できるようになってほしい。私は、カリキュラムにソーシャル・ビジネスをいち早く導入した大学こそ、理想に燃えた一流の学生を多く惹きつけられるのではないかと思っている。そして、たちまち世界中の大学がその動きにならうはずだ。

ソーシャル・ビジネス・ファンド

ソーシャル・ビジネスの成長を支えるには、ソーシャル・ビジネスの支援に特化した投資ファンドの設立が重要だ。投資ファンドはさまざまなサービスを提供することになるだろう。設立して間もないソーシャル・ビジネスの調査や評価を行ない、社会的目標の実現効果、財務や経営の効率性を測定することで、もっとも有望な新規ベンチャーに資金を投じる。ソーシャル・ビジネスに関する情報やアイデアを収集し、経営者たちをソーシャル・ビジネスの一流のエキスパートにする。利潤最大化企業がROE（「自己資本利益率」）やEBITDA（「利払税引償却前利益」）などの共通指標を用いて財務的な成功を測るのと同様に、ソーシャル・ビジネスの成功を定義する共通の用語や測定ツールを構築する。ソーシャル・ビジネスの潜在的な投資家が、投資する価値のある企業を見分けられるようにする。そして、ソーシャル・ビジネスへの投資を簡単に多角化できる手段を提供する。つまり、ソーシャル・ビジネス・ファンドに小切手を一枚書くだけで、数十〜数百のソーシャル・ビジネスに資金を援助できるようにするということだ。

ソーシャル・ビジネスに投資しても投資家に配当がまったく支払われないとするなら、ソーシャル・ビジネス・ファンドは経費をどう回収するのかと疑問を持つ人もいる。その解決策として、ファンドから資金を受け取る会社に、年間管理手数料を課すという方法がある。この手数料の条件は、ファンドとソーシャル・ビジネスの契約時に交渉する必要があるだろう。この手数料は適度な水準（たとえば、一パーセントなど）に設定することが重要だ。さらに、損益分岐点売上高に達するまで、企業に手数料の支払いを免除する必要もあるだろう。

これまでに述べたように、ダノン・コミュニティズ・ファンドにはソーシャル・ビジネスの基金がある。このファンドは、主にダノンの株主や従業員が個人の投資額の一部をヨーグルト会社の「グラミン・ダノン」に当てられるようにする目的で、二〇〇七年春に設立された。このファンドは、フランスでは最大、ヨーロッパでも第二位の規模を持つ小売銀行「クレディ・アグリコル」が引き受けて管理している。クレディ・アグリコルは、ダノン・コミュニティズ・ファンドの管理に加えて、「グラミン・クレディ・アグリコル・マイクロファイナンス財団」の設立に五〇〇〇万ユーロ（およそ七〇〇〇万ドル）を投じている。この財団は、エチオピア、マリ、カンボジア、コソボといった発展途上の国や地域に金融などのサービスを提供しており、資金の一部をソーシャル・ビジネスへの投資に当てている。

ダノン・コミュニティズ・ファンドはたちまち人気を博し、ダノンの熱狂的な株主から資金が集まったため、現在では投資先のソーシャル・ビジネスを探している（探さざるをえなくなった）ほどだ。

そのほかにも計画中のソーシャル・ビジネス・ファンドがいくつかある。モナコ公国では、国家元首であるアルベール公の支援で基金の設立が進められている。ユヌス・センターとモナコのベンチャー・キャピタル&プライベート・エクイティ協会の合弁事業で、「ユヌス・モナコ・ファンド」が設立される予定だ。おそらく、最初の資金調達目標は一億ドル前後に設定されるだろう。また、ドイツでは別の基金が計画されている。さらに、サウジアラビアのジッダにあるイスラム開発銀行（IDB）は、初期投資一〇〇〇万ドル以上をかけて、「IDBグラミン・ソーシャル・ビジネス・イニシアティブ」を開始する計画を発表した。

次なるステップ――ソーシャル株式市場《ストック・マーケット》

今後、ソーシャル・ビジネスは成長を続け、私たちのよく知る「利潤最大化企業」という宇宙と並行するように、もうひとつの宇宙が形作られていくだろう。自由企業経済の存在するあらゆる国にソーシャル・ビジネス企業が生まれ、消費者向けの商品・サービスから企業向けのサービス、供給、アウトソーシング、そして金融、銀行、ＩＴ、重工業まで、さまざまな市場やビジネス分野でソーシャル・ビジネスが花開くだろう。ソーシャル・ビジネスに特化した投資ファンドは増えつづけ、ソーシャル・ビジネスを専門とする投資管理会社や、ソーシャル・ビジネス企業の情報発信や分析に特化した情報源など、膨張する宇宙を支えるさまざまなサービスや商品が提供されるようになるだろう。

最終的には、ソーシャル・ビジネスの投資資金を募り、ソーシャル・ビジネスの株式の売買を仲介する独立した株式市場が生まれるはずだ。私は、『貧困のない世界を創る』で初めてこの考えを提案した。この本でも述べたとおり、どの企業をソーシャル株式市場に上場させるかを決めるためには、ソーシャル・ビジネスを明確に定義しておくことが重要だ。ソーシャル株式市場に上場されている企業は、利潤最大化企業でもなく、ソーシャル・ビジネスの名をかたる低利益の企業でもなく、正真正銘のソーシャル・ビジネスであると投資家に確信してもらわなければならないからだ。ソーシャル株式市場の株価は、会社の長期的な価値に関する社会投資家の総意によって決まるだろう。しかし、企業の価値は期待される利益ではなく生み出される社会的利益によって測られる。なぜなら、社会投資家が求めているのはなんといっても社会的利益だからだ。

私のビジョンでは、ソーシャル株式市場で取引される株式は二種類になるだろう。投資元本がすでに償還されている株式と、まだされていない株式だ。ひとつ目の株式を債券の用語にならって〝満期〟の株式と呼ぼう。投資家がソーシャル・ビジネスの満期株式を購入した場合、すでに投資元本の全額が償還されているので、会社からいかなる配当も期待できない。しかし、まだ満期でない株式には償還の可能性が残っているので、もちろん株価に影響が及ぶ。一部しか償還されていない株式には、独自の需要と供給があるはずだ。これこそ、ソーシャル株式市場が必要な理由のひとつだ。ソーシャル株式市場があれば、取引時の株式の市場価格が決定しやすくなるからだ。

ソーシャル株式市場がなければ、どちらの種類の株式も市場によって価格が決まり、独自の需要・供給曲線を持つことになるだろう。あらゆる市場と同じく、売り手はなるべく高い価格で株式を売ろうとする。価格によって売られる株式の数は異なり、価格が高いほど売られる株式の数は多くなる。

ソーシャル・ビジネスでは、株主は個人的利益を上げてはならないという原則がある。したがって、株式の売却によって投資元本を超える利益が出た場合は、その利ざやを別のソーシャル・ビジネスに投資するか、ソーシャル・ビジネス・ファンドに投資するか、ソーシャル・ビジネスの債券を買うかしなければならない。

それでは、ソーシャル・ビジネスの株式を売る理由とは？　考えられる理由はいくつかある。償還可能になる前に投資金を取り戻すため。別のソーシャル・ビジネスの株式の購入資金を得るため。ソーシャル・ビジネス・ファンドに投資するため。あるいは、ソーシャル・ビジネスへの将来的な投資に備えて、独自の民間ソーシャル・ビジネス・ファンドを設立するため。

一方、株式の買い手にも株式を購入する理由がある。社会的な自尊心、心理的な愛着、会社経営に参加したいという欲求などだ。または、価値が上昇しそうな株式を購入することで、ソーシャル・ビジネスに投機するという場合もある。その最終的な目的は、あとで株式を売却し、増えた資金を別のソーシャル・ビジネスに再投資することだ。緊急性の有無に応じて、投資家は比較的高い価格や低い価格を提示する。そして、正常に機能している市場では当然のことだが、株式の市場価格は取引当日の需要と供給に基づいて決まる。

もちろん、企業が「回収不能な投資」という形で寄付を受け取れば、投資家が価値ある目的のために寄付を行なうという選択肢は常にある。寄付者（投資家）は、償還不能という特別な指定のついた株式（たとえばクラスBの株式）を所有できる。投資家は、これらの株式を売却すれば、償還不能なクラスBの株式か従来の償還可能な株式のいずれかを選んで、同じソーシャル・ビジネス企業や別の企業に再投資することができる。あるいは、株式をソーシャル・ビジネス・ファンドに寄付するという手もあるし（ファンドが株主になる）、好きな慈善団体や財団に寄付してもよい。

ソーシャル・ビジネスの株価は、その企業の有効性を表わすものになるだろう。ソーシャル・ビジネスが社会に大きな好影響を引き起こせると認められれば、株価は上がる。その結果、その企業に対する投資家の誇りも増し、自由市場では株式にプレミアム価格がつけられる。利益を上げて次なるソーシャル・ビジネス・ベンチャーに投資しようと考えている投機家が意欲的になる。企業はビジネスを拡大できるようになる。そして、新たな企業が同じビジネスに次々と参入してくるだろう。

投資家がソーシャル・ビジネスの株式を購入すると、その会社が一般大衆から評価されているというシグナルになり、株価が上昇する。このシグナルのおかげで、企業はより多くの資金を調達し、ビジネスを拡大しやすくなる。同時に、投資家はお金を「手放して」しまったわけではない。株主として会社の一部を所有しているため、企業の業績に不満があったり、もっと社会的に有望な企業が市場に見つかったりした場合には、いつでも株式を再売却できる。したがって、ソーシャル株式市場があれば、企業が社会的目標をどれくらい実現できるかについて、ソーシャル・ビジネス企業と投資家の両方が貴重なシグナルを得られるのだ。こういったシグナルは、現在の非営利組織や慈善団体の世界には存在しないものだ。

私は、近いうちにソーシャル株式市場が誕生するのではないかと思っている。取引可能な株式を発行するソーシャル・ビジネスの数が急増すれば、取引を仲介する正式な市場が必要になってくるだろう。現在が二一世紀であることを考えれば、ソーシャル株式市場に物理的な施設は不要だ。今日のナスダック証券取引所のように、すべての取引を電子的に行なう仮想株式市場になるだろう。

とはいえ、ソーシャル株式市場の施設を設けることには、広報上のメリットがあるかもしれない。投資家、ブローカー、トレーダーが売買を行なう様子を、旅行者や学生に見学してもらえるからだ。見学者は、ソーシャル・ビジネスの専門家たちがコンピューター画面で株式を売買する様子をバルコニーから見下ろす。絶えず変化する株価が頭上のデジタル・スクリーンに次々と映し出される。近くのホールには、ソーシャル・ビジネスの歴史を取り扱った展示物が公開される。

そして、隣のビルには、私がしきりに述べてきた〝貧困博物館〟が入居する。若者たちが館内を巡りながら、とっくの昔になくなった貧困問題や、貧困の撲滅に大きな役割を果たしたソーシャル・ビジネスの物語を知る。そんな日がいつか、やってくるかもしれない。

第八章　明日《あす》に向かって——増えつづけるソーシャル・ビジネス

これまで説明してきたように、ソーシャル・ビジネスの世界は活気に満ちあふれている。ソーシャル・ビジネスという概念が生まれてからわずか二年間で、さまざまな方面から大きな注目を集めてきた。世界中の人々、企業、財団、非営利組織、大学、シンク・タンク、政府当局が、ソーシャル・ビジネスについて学び、貢献方法を探ろうと、私やグラミン・ファミリー企業に連絡を取ってきている。スペースの都合で、現在進行中の活動や計画中の活動をすべて紹介することはできないし、紹介したとしても、本書の執筆が終わるころにはすでに情報が古くなっていることだろう。したがって、本書では、現在進められているもっとも興味深いプロジェクトに注目し、ソーシャル・ビジネスの性質や潜在的可能性を示す貴重なエピソードを紹介してきた。これらのエピソードがみなさんの刺激や発想の源になっていれば幸いだ。

本章では、さらなる例をいくつか簡単に紹介し、世界中で誕生しつつあるさまざまな活動について説明したいと思う。さらに、胸躍る次世代のソーシャル・ビジネスを設立しようとしている人々、企業、政府機関のエピソードをいくつか厳選して紹介しながら、ソーシャル・ビジネスの未来をのぞいてみたいとも思う。

テクノロジーとソーシャル・ビジネス——BASFグラミンの物語

本書で何度も述べてきたように、現代のビジネス界には信じられないほど強力なテクノロジーがある。多くの企業が、貧しい人々の生活に革命を引き起こすようなテクノロジーを握っているのだ。その一例が、世界屈指の化学メーカーであるドイツのBASF社だ。BASF社は、プラスチック、建設、農業から、石油、ガスまで、さまざまな業界に深くかかわっている。BASFは、化学製品や製造工程など、価値ある技術に関する無数の特許を保有しているが、そのすべてが株主に利益をもたらしているわけではない。現在利用されていないBASFの特許の中には、世界の恵まれない人々の命を救う驚くべき可能性を秘めているものもある。しかも、BASFの株主がその対価を支払う必要はまったくといっていいほどないのだ。

私がなぜそんなことを知っているかというと、ほかならぬBASFのCEO自身から聞いたからだ。私がCEOのユルゲン・ハンブレヒトとソーシャル・ビジネスについて話し合っていたとき、彼がこう口を開いた。「この業界の会社はたいていそうですが、BASFにも無数の特許が眠っています。特許を申請したときは、どれも有望なビジネスになると期待されていたのです。しかし、現在では、さまざまなビジネス上の理由で、多くの特許がほとんど使い物にならなくなっているのです。そういった特許を利用して、貧しい人々に手を差し伸べるソーシャル・ビジネスを始められるなら、喜んで提供しますよ」

現在、グラミンとＢＡＳＦは、協同でふたつのソーシャル・ビジネス・プロジェクトに取り組んでいる。いずれのビジネスもＢＡＳＦの特許に基づいており、現在では活発に商用利用されている。ひとつ目は、化学処理を施した蚊帳《かや》を製造するＢＡＳＦの特許技術を利用し、バングラデシュで蚊帳を製造・販売するビジネス。もうひとつは、バングラデシュの子どもたちを健康にする微量栄養素が詰まった粉末パックを製造・販売するビジネスだ。

バングラデシュなどの多くの発展途上国で蚊帳が必要とされている背景には、重大な健康上の問題がある。マラリアなどの致命的な病気は、主に蚊に嚙まれて感染者の血液が人から人へと伝染することで広まる。ＷＨＯの二〇〇九年の報告によると、バングラデシュでは五〇六〇万人がマラリアの危険にさらされており、二〇〇八年だけで一二七万五〇〇〇の症例が報告されている。

長期的には、蚊の繁殖につながる沼地や手入れのされていない池をなくすことが重要だが、これにはコストや手間がかかる。したがって、短期的に見れば、防虫処理を施した蚊帳で寝床《ねどこ》を覆うというシンプルな手段の方が、病気の発生を大幅に抑えることができる。しかし、アジア、アフリカ、ラテン・アメリカに住む多くの人々は、このような単純な解決策さえ利用できないのだ。

そこで登場するのがＢＡＳＦの特許だ。「インターセプター」というブランド名で製造されたＢＡ

SFの蚊帳には、「フェンドジン」という独自の製品が用いられている。これは、蚊帳の繊維に「フェンドナ」という殺虫剤を特殊コーティングした繊維加工仕上げの製品だ。蚊帳は少しずつフェンドナを放出し、近づいてきた蚊をすばやく死滅させたり、追い返したりする。さらに、二〇回洗っても防虫効果が消えない。つまり、現地の状況にもよるが、一枚で三〜四年は使用できるということだ。

また、BASFは栄養補助食品の先進メーカーでもある。特に、子どもの健康を改善するビタミンや微量元素を含んだ栄養補助食品を製造している。BASFが製造する粉末パックは、週に一〜三回、子どもの食事に混ぜて使うよう作られている。本書の前半で、バングラデシュの多くの人々（特に女性）が深刻な栄養不足に苦しんでいると述べた。微量栄養素の補助食品は明らかに栄養不足の解消に役立つ。そこで、今後、私たちはバングラデシュの人々に栄養補助食品のメリットを伝えていく予定だ。

BASFの科学的ノウハウを利用してこのふたつのビジネスを興《おこ》し、問題に苦しむ人々に解決策をもたらすというのは、理にかなった方法といえるだろう。そして、私たちはまさにそれを行なおうとしている。現在の計画では、BASFがふたつの事業の開始資金を提供し、BASFとグラミン・ヘルスケア・トラストの合弁事業のもと、「BASFグラミン」という会社名で運営していく予定だ。BASFの農業製品部門は、まず一〇万個の防虫蚊帳をタイのメーカーからバングラデシュの販売業者に出荷する予定だ。また、微量栄養素パックの第一弾は、東南アジアのBASF工場で生産される。バングラデシュに生産施設が完成し次第、パックの生産はバングラデシュに移行されることになっている。

農村部での製品の販売・納品は、地元の起業家（特に女性）によって行なわれる。その中には、おなじみの「グラミン・レディ」や、成人したその娘たちも含まれる。事業の元手が必要な販売員は、グラミン銀行のマイクロクレジットを利用することができる。したがって、このプロジェクトでは、蚊帳の利用者に健康面のメリットを届けられるだけでなく、バングラデシュ農村部の人々にもビジネス機会を与えることができるのだ（私たちは、ソーシャル・ビジネスを計画する際には、常にこのような二重の機会を探るよう心がけている）。

この合弁事業で、ＢＡＳＦは大成功している国際企業にふさわしい詳細で綿密な事業計画を打ち立てた。現在の見積もりによると、ＢＡＳＦグラミンは二〇一〇年中に蚊帳の生産を開始する。二〇一一年には損益分岐点売上高に達し、二〇一五年にはＢＡＳＦに初期資金の償還を開始する見込みだ。二〇一三年までに、インターセプターの年間売上は二〇万個、微量栄養素パックの年間売上は一〇〇〇万パックを超えると予想される。バングラデシュの人々にもたらされる利益は計り知れない。

貧困者のためのデジタル・ソリューション——グラミン・インテルのプロジェクト

驚異のテクノロジーを数多く抱えているもうひとつの先進企業がインテルだ。二〇〇七年九月、ダッカを訪問していた当時のインテルの会長、クレイグ・バレットが、インテルの情報技術を利用して貧しい人々に利益をもたらすソーシャル・ビジネスを開始したいと表明したとき、私はすぐさま同意した。

グラミン・インテルは、「起業家精神にあふれ、持続可能で、地域社会に利益をもたらす」ソーシャル・ビジネスだ。母子の健康に注目したパイロット・プロジェクトを通じて、バングラデシュの貧しい人々を対象とするITベースの医療サービスを構築しているところだ。

母子の健康問題は、バングラデシュをはじめとする発展途上諸国では深刻だ。バングラデシュでは、年間一二万人以上の乳児が不要な死を遂げている。その多くは、貧血、ビタミン不足、ミネラル不足など、本来なら解決可能な栄養上の問題が原因となっている。さらに、約一万二〇〇〇人の母親が妊娠にまつわる問題で亡くなっている。これは見過ごせない数字だ。そのため、グラミンは医療の中でもとりわけ母子の問題に着目しているのだ。

もちろん、この問題の解決は易しくない。特に農村部では、妊娠前、妊娠中、出産後の乳児や母親のケアを改善するのは非常に難しい。農村部まで悪路を何時間も移動するのは医師や看護師にとって大変だし、貧しい農村部に住んで働く医師や医療専門家はなかなか見つからない。さらに、バングラデシュ全体で特に看護師が深刻に不足している。

二〇〇九年夏に開始されたグラミンとインテルのパイロット・プログラムの目的は、ITを利用して、母子の健康にまつわる悲惨な統計を改善できるかどうかを検証することだ。電子的なデータ収集や通信を利用して、農村部の妊婦と遠く離れたベテラン医師をつなぐことはできないだろうか？　グラミン・インテルはまさにそれを検証しようとしている。

パイロット・プロジェクトの拠点となったのは、ダッカ郊外の半農業地域、シャバールに位置するふたつの村だ。テクノロジー・ソリューションの検証に用いるスマート・フォンには、グラミン・インテル・チームが妊婦のリスク・レベルを測定するために設計した特殊なソフトウェアが搭載されている。

グラミン・インテルが雇用し、訓練した医療ワーカーが、このスマート・フォンを持って村の妊婦の家を個別訪問し、低リスクの妊婦と高リスクの妊婦を判別する二〇項目のアンケートを配付した。これは、アメリカなどの国で、患者が医師の診察を受ける前に専門の看護師から受ける事前検査のようなものだ。グラミン・インテルのプログラムでは、強力なテクノロジーを携えた医療ワーカーがこのプロの看護師の役割を果たす。アンケートが終わると、別の場所にいる二名の医師がデータを確認し、母子の危険性を判断するのだ。

これまでの調査の結果、問題の深刻さが浮き彫りになった。最初に調査した九二名の妊婦のうち、四八名が高リスクと判定された。それらの母親は、診療所で追加の診断や治療を受ける必要がある。当然ながら、次のステップは、私たちの医療会社「グラミン・カルヤン」を通じて、フォローアップ治療につながるプログラムを開発することだ。これもグラミン・インテルのパイロット・プロジェクトの一環だ。情報は第一歩としては重要だが、それだけでは不十分だ。母子の健康を改善する具体的な活動も欠かせない。二〇一〇年中には診療所の数を二カ所から一〇カ所に拡大すると同時に、母親へのフォローアップ治療を改善していく予定だ。

最終目標は、地元の起業家がＩＴベースの製品とサービスを組み合わせ、バングラデシュの貧しい人々に社会的利益を届けられるようにすることだ。グラミン・インテルは、この起業家候補として、ふたつの集団を想定している。そのひとつは「グラミン・レディ」。グラミン銀行の借り手の女性たちで、その多くが新たなビジネス・チャンスを求めている。彼女たちは地域と密接なつながりを持っているため、その社会的なつながりを活かせば、グラミン・インテルのＩＴベースの新事業の顧客を集められるはずだ。

もうひとつのグループは、グラミン銀行の奨学金で高等教育を受けた子どもたちだ。私たちはこういう人々を「グラミンの新世代の起業家（Grameen's New Entrepreneurs、ＧＮＥ）」と呼んでいる。ＧＮＥの多くが、すでにグラミン・ファミリー企業で働いている。たとえば、私たちの再生可能エネルギー会社「グラミン・シャクティ」では、工学教育を受けた多くの若者が働いており、バングラデシュの地域社会でソーラー・パネルやバイオガス・システムの構築、設置、保守に当たっている。グラミン・インテル・プログラムが本格化すれば、こうしたＧＮＥの多くがＩＴ起業家になるだろう。

興味深いことに、バングラデシュでは一五〇〇名以上の学生が医科大学や工業専門学校に進んでいる。その中には、経済的に困窮している村の貧しい家庭や無学な家庭から育った人もおり、学位を取得しても仕事が見つからない場合がある。しかし、ＩＴ起業家になって生計を立てるという道があれば、賢くやる気を持った人々だけでなく、その家族全体にも大きな違いをもたらすだろう。

したがって、グラミン・インテルのソーシャル・ビジネスによって、地方の小規模事業はますます増え、数多くの人々が貧困から抜け出せるはずだ。その意味では、グラミンのテレフォン・レディと比べるとわかりやすいだろう。どちらのケースでも、新しいテクノロジー・ツールが社会に有益なビジネスを始める道具になっている。こういったビジネスは、地域経済を成長させ、起業家自身にも収入をもたらすのだ。

そのほかの健康関連の協同ソーシャル・ビジネス

ＢＡＳＦやインテルとの合弁事業では、医療問題に照準を合わせている。これは、バングラデシュだけでなく、発展途上国全体で大きな意味を持つ。そこで、現在計画中の健康関連のソーシャル・ビジネス・プロジェクトをもういくつか簡単に紹介したい。いずれも、バングラデシュの人々に多大な健康面のメリットをもたらす可能性を秘めている。

- 大手製薬・医療会社「ファイザー」とグラミンは、グラミン・ヘルスケアの農村部の診療所を通じて、医療を評価・改善するプロジェクトに協同で取り組んでいる。第一弾のパイロット・プログラムの対象は母子の医療だ。私たちは、これをバングラデシュの低所得家庭にとって最重要課題だと考えている。
- 医療技術や医療サービスを提供する大手企業「ＧＥヘルスケア」は、グラミン・ヘルスケアと協同で、特に妊婦のケアに重点を置き、バングラデシュのプライマリ・ケア診療所の医療提供システムの改善に取り組んでいる。中でも、農村部の患者が自宅で医療サービスを受けられる安価なポータブル超音波装置の設計に力を注いでいる。GEのデザイナーやエンジニアは、バングラデシュで数カ月間このプロジェクトに携わったあと、二〇一〇年三月に最初のモデルを発表した。非常に印象的なプレゼンテーションだった。現在、この装置は訓練を受けた医療ワーカーによって、すでに実地試験が行なわれている。さらに、GEヘルスケアは、カラー画像が出力でき、聴診器のように首からぶら下げられる非常にコンパクトな超音波装置も新たに発表した。私たちは、村の若い女性をハイテク診断医として教育し、妊婦や子どもの命を救うソーシャル・ビジネス・モデルも検討している。

●製薬会社の「ジョンソン・エンド・ジョンソン」は、グラミンと協同で、村の母子保健医療センターを効率的に運営したり、医師や医療従事者の作業効率を改善したりするための手法を開発している。開発されたシステムやモデルは、さまざまな場所で応用され、多くの患者に利益をもたらすだろう。

●世界最先端の医療知識や医療技術を有するアメリカの「メイヨー・クリニック」は、グラミン・ヘルスケアと協同で、発展途上国に蔓延する寄生虫病の予防、診断、治療方法を改善するプロジェクトに取り組んでいる。このプロジェクトを通じて、貧しい人々に低コストで効果的にサービスを提供する方法が確立すれば、十分な医療サービスを受けられないアメリカの人々の治療にも役立てられるだろう。

●衣料品会社が医療にかかわるという想像がつかないかもしれないが、日本企業の「ユニクロ」は、バングラデシュで衣料品の製造を行なうソーシャル・ビジネスを設立し、健康面のメリットを届けようと考えている。ユニクロは、村々を訪れて現地の状況を調べた結果、独自の「ヒートテック」衣料品やフリース衣料品を最低限のコストで製造すれば、貧しい人々を悪天候から守り、マラリアなどの伝染病の蔓延を抑えられると考えている。

このように、医療関連の新たなソーシャル・ビジネス・プロジェクトが続々と始まりつつある。一〜二年後には、そのすべてを説明するだけでまるまる一冊の本が書けるようになっているかもしれない。

タイプⅡのソーシャル・ビジネス——オットー・グラミン

グラミン銀行が証明するように、ソーシャル・ビジネスは同時にふたつの方法で社会的利益をもたらすことができる。つまり、商品やサービスを開発して社会問題を解決すると同時に、ソーシャル・ビジネスを所有する貧しい人々にも収入をもたらすことができるのだ。貧しい人々は、銀行の融資を受けることで、ビジネスを起業または拡大し、貧困から抜け出すことができる。それと同時に、銀行の所有者でもあるため、当然ながら銀行の経営に口を出すこともできるし、毎年の配当を受け取ることもできる。

この二種類の利益の背景には、二種類のソーシャル・ビジネスがある。タイプⅠのソーシャル・ビジネスは、商品やサービスを提供して社会的目標を追求するが、貧しい人々や恵まれない人々が所有しているわけではない。所有者には利益や配当は支払われず、利益はビジネスの成長や社会的利益の拡大に再投資される。グラミン・ダノン、グラミン・ヴェオリア・ウォーター、ＢＡＳＦグラミン、グラミン・インテルなど、本書で紹介しているソーシャル・ビジネスの大半はタイプⅠに分類される。

一方、タイプⅡのソーシャル・ビジネスは、グラミン銀行のように貧しい人々によって所有される場合と、貧しい人々に利益を届ける特別なトラストによって所有される場合がある。貧しい人々によって所有されるソーシャル・ビジネスは、収入という形で貧しい人々に直接利益を届ける。しかし、現在の法体系では、個人による所有は複雑な法的問題をはらんでいる。したがって、貧しい人々や恵まれない人々に営利企業のあらゆるメリットをもたらすひとつの方法として、トラストに所有権を与え、その利益を対象となる人々に届けるという手もある。

この種のタイプⅡのソーシャル・ビジネスでは、トラストを管理する取締役の才能や健全性によって、貧しい人々に社会的利益を届けられるかどうかが大きく左右される。したがって、ふさわしい人材を取締役に選び、完全な透明性を保って運営することが重要だ。今後、ソーシャル・ビジネスのインフラが進化し、活動的な投資家、株式の格付機関、数多くのソーシャル・ビジネス投資ファンドが参加するソーシャル株式市場が生まれれば、タイプⅡのソーシャル・ビジネスを運営するトラストの健全性や経営能力が厳しく監視されるようになるだろう。

現時点では、グラミン銀行のほかにタイプⅡのソーシャル・ビジネスの例は存在しないが、私たちはドイツのオットー社と協同でタイプⅡのソーシャル・ビジネスの設立を計画している。おそらくは、「オットー・グラミン繊維会社」という名前になるだろう。

オットーは、繊維製品などを扱う通信販売業者および商社だ。取引する多くの商品の生産規格を定め、市場の形成に大きな役割を果たしている。オットーのオーナーであるミハエル・オットーが設立した「エイド・バイ・トレイド」という財団は、アフリカで持続可能な綿産業を構築することを目指している。この活動を通じて、オットーは持続可能性《サステナビリティ》という考え方の推進に多大な貢献をしている。

オットー・グラミンのアイデアが具体化したのは、二〇〇九年二月の会合だった。この会合には、私、サスキア・ブロイスン（グラミン・クリエイティブ・ラボのディレクター）、ミハエル・オットーが参加した。オットーは、グラミンと協同でソーシャル・ビジネスを開始することに非常に興味を持っていた。とはいっても、どのようなソーシャル・ビジネスを始めればいいのか？　会合を重ねた結果、トラストによって所有される繊維会社という案が浮かんだ。つまり、貧しい人々を支援するタイプⅡのソーシャル・ビジネスだ。その後も話し合いや検討が進められ、オットーは次の四月の会合で設立に合意した。

「グラミン・ニットウェア」のＣＥＯであり、バングラデシュの繊維工業に精通しているハサン・アシュラフが指揮をとり、プロジェクトのコンセプトの開発が進められている。現在、アシュラフやオットーのリーダーたちは、製品ラインやマーケティング計画のアイデアを練っているところだ。少なくとも当面は、オットー・グラミンのブランド名では衣料品や織物を製造・販売しない予定だ。代わりに、顧客企業が自社のブランド名で販売できる商品を製造する予定だ。しかし、このアプローチは、オットー・グラミンの経験や評価、市場の状況に応じて変更される可能性もある（貧しい人々に収入や利益をもたらすという基本理念を実現するには、常に魅力的な市場機会を探しつづける必要があるからだ。それはオットー・グラミンでも一般の企業でも同じだ）。

現在の法体系によると、オットー・グラミンの所有者は「オットー・グラミン・トラスト」という組織だ。オットー・グラミン・トラストの目的は、その収入を利用し、企業の従業員やその家族、企業の所在する地域など、特定の貧困者グループに利益をもたらすことだ。オットー・グラミン・トラストは、オットー・グループ（九〇パーセントの株式を所有）とグラミン・トラスト（一〇パーセントを所有）の合弁事業として、すでにオットー・グラミン繊維会社という営利企業を設立している。繊維会社の利益はオットー・グラミン・トラストに渡り、オットー・グラミンの利益や増加資本は「貧しい人々に利益をもたらす」という本来の目的に利用されることになる。

オットーは、オットー・グラミン・トラストに初期資金として二種類の無利息貸付を行なう。ひとつ目はビジネスの開業資金で、ふたつ目は企業の社会福祉資金である。その目的は、会社に利益が上がってから社会福祉を提供するのではなく、できるだけ早く社会福祉事業を開始することだ。さらに、オットーは技術的な知識や市場創出の専門知識も提供する。一方のグラミン・トラストは地域の状況、文化、社会問題に関する知識を提供する予定だ。

オットーとグラミン・トラストが署名した法的拘束力のない覚書によると、輸出市場向けの衣料品工場を建設して、月に二〇～二五万着の衣料品を製造し、二〇〇～五〇〇名の従業員を雇うのが目標だ。すべての従業員に「正当な労働条件、福利厚生、収入や所有権」を提供し、女性、シングル・マザー、非識字者などの恵まれない人々の雇用に重点を置くつもりだ。

また、工場も環境面および経済面で持続可能になる予定だ。現在、詳細な計画を担当するチームが、最適な建材、エネルギー利用、サプライ・チェーン・マネジメントについて調査を行なっている。オットー側からは、持続可能エネルギー・プロジェクトに力を注ぐ子会社「システイン」がプロジェクトに協力する予定だ。

工場に必要なエネルギーはなるべくソーラー・パネルでまかなう予定だが、必要に応じてガス発電などの従来型のエネルギー源も利用される。また、建物の骨組みに断熱効果の高い泥れんがや竹板を用いるなど、現地の建築方法もできるだけ取り入れる予定だ。自然の力を最大限に利用して工場を保冷・保温するために、工場の敷地、方角、設計も入念に計画される（たとえば、窓の配置を工夫することで、日差しが厳しい夏に風通しをよくし、熱の吸収を最小限に抑える）。

原材料や製品の出荷方法については、二酸化炭素の排出を最小限に抑えながら効率を最大化する方法が検討されている。完全カーボン・ニュートラルな工場を設計し、バングラデシュなど南アジアの同じような施設のモデルにしたいと考えている。

このソーシャル・ビジネスの利益は、三方向に配分される。一部はオットー・グラミンの主な受益者である貧しい人々の社会福祉に当てられる。これは、毎月の決算時に真っ先に割り当てられるもっとも重要な部分だ。さらに、一部はオットーの無利息貸付の返済に当てられる（現時点では、返済には少なくとも一〇年はかかると見積もられている）。そして、残りの一部は不況時の予備資金や将来的な事業拡張資金として留保される。

正当な賃金と一般的な福利厚生に加えて、オットー・グラミンが提供する社会的利益は次のとおりだ。

●栄養豊富で健康的な食事
●医療
●教育支援と職業訓練
●クレジットへのアクセス
●住宅支援
●従業員の会社所有権

これらの社会的利益は、まずオットー・グラミンの従業員とその家族に与えられる。今後、地域の住民にまで拡大されていくだろう。やがては、地域にオットー・グラミン工場があるおかげで住民全員が豊かな生活を送れる〝オットー・グラミン村〟を築き上げられるかもしれない。

このように、オットー・グラミンの計画はとても壮大だ。そして、前例のないさまざまな特徴を持つ画期的なプロジェクトでもある。もちろん、オットー・グラミン・チームは成功や失敗を繰り返し、予期せぬ問題に頭を悩ませ、その解決策を模索することもあるだろう。その過程で、何度も計画の修正や変更を余儀なくされるに違いない。現在の計画によると、二〇一〇年中に最初の工場を建設する予定だ。ソーラー・エネルギー・システムや持続可能な建材の実現性やコストなど、不確定の要素もかなりあるものの、予算は一〇〇〜二〇〇万ユーロ（およそ一二〇〜二八〇万ドル）と推定されている。現時点では、二〇一一年第一四半期に製造を開始する予定だ。

オットー・グラミンがこの実験に成功すれば、将来の同じような事業のモデルとなるに違いない。

すべての人に靴を——グラミン・アディダスの挑戦

アディダスは、陸上選手、サッカー選手、テニスのプロなど、一流スポーツ選手のスポーツ・シューズやランニング・シューズをデザイン・販売している有名企業だ。アディダスは、この注目度抜群の高利益な市場で、ファッション・デザイナーのステラ・マッカートニー、サッカー選手のデイヴィッド・ベッカム、テニス・プレーヤーのアナ・イワノビッチ、野球のオールスター選手のチェイス・アトリーなど、有名人のスター性を利用して、ナイキ、リーボック、ニューバランスといった競合企業と闘っている。

一見すると、魅力、楽しさ、娯楽を追求するスポーツ・シューズ業界は、貧しい人々のニーズとはあまり関連がないと考えがちだ。当の私もずっとそう考えていて、私やグラミンがアディダスと手を組むとは夢にも思わなかった。しかし、不思議な偶然から私たちは出会うことになった。二〇〇八年一一月のドイツ訪問中、私はアディダスCEOのヘルベルト・ハイナーとの会合に招かれた。彼はソーシャル・ビジネスの考え方を理解したがっていた。アディダス本社での会合で、私はなるべく詳しくソーシャル・ビジネスについて説明した。

すると、自然に質問が返ってきた。アディダスにできるソーシャル・ビジネスは何か？　私はまったく見当がつかず、こう答えるのが精一杯だった。「まずは、何か宣言してみてはいかがでしょう。たとえば、〝靴のない人を世界からなくします。もっとも貧しい人々でも買える靴を提供するのが、われわれシューズ会社の務めです〟と」

私は、そのような宣言はナンセンスかとハイナーに尋ねた。すると、彼はこう答えた。「そんなことはありません。ですが、それがどういうことなのか、しっかりと理解しなければ。しばらくお時間をいただけませんか？　重役たちと相談してきますので。その間、社員に本社と自慢の博物館を案内させます」

昼食の時間になり、私たちは再会した。アディダスの重役たちも昼食に同席した。一緒に昼食をとっていると、ハイナーが「どのくらいの値段なら、もっとも貧しい人々でも手が届くでしょうか？」と静かに尋ねた。私は、「おそらく、一ドルを切るなら」と即答した。

ハイナーは、しばらく食事の手を止め、私をじっと見つめた。ソーシャル・ビジネスの話はそこで終わったと私は思った。しかし、昼食が終わると、彼の口から驚くべき言葉が出た。宣言すると言ったのだ。アディダスはグラミンと提携し、バングラデシュの貧困者向けの靴を生産するソーシャル・ビジネスを始める。そして、一ユーロになるべく近づけるよう努力すると述べたのだ。一ドルよりはやや高いが、ほぼ変わらない値段だ。私は、アディダスのＣＥＯからそんな大胆な宣言を聞くとは思ってもいなかった。

すぐに、アディダスの最高幹部たちはビジネス会議を開いた。私も同席し、ともに行動計画を練った。会議はたちまちやる気と熱狂の渦に包まれた。私は幹部たちの計画に耳を傾け、次々と質問に答えた。一瞬にして人間の心まで変えてしまうソーシャル・ビジネスの力には驚嘆するばかりだった。

現在、アディダスは、地球上のほぼ全員が買える靴をデザイン・販売するという難問に全力で取り組んでいる。これに成功すれば、世界初の一ユーロ台の靴が出回るかもしれない。

この「ワン・ユーロ・シューズ・プロジェクト」を指揮しているのは、ヘルベルト・ハイナーだ。彼は、マーケティング、財務、事業開発など、会社の各部署の〝有望〟な八人のマネジャーでチームを作り、ワン・ユーロ・プロジェクトをはじめとするソーシャル・ビジネス・プロジェクトの可能性を探っている。ハイナーのチームは、バングラデシュの村々を訪れ、貧しい女性、男性、子どもに会い、嗜好、需要、消費の優先順位、可処分所得、支出パターンなどを調査した。

すぐに判明したのは、バングラデシュの貧しい人々に靴を届けるのは、単なる快適さの問題ではなく、重大な健康上の問題でもあるということだ。私たちは、靴が人間の健康と深くかかわっているという事実を忘れがちだ。寄生虫病は、足の皮膚を通じて人体を襲う。バングラデシュでは数多くの人々が素足で暮らしているため、十二指腸虫症《じゅうにしちょうちゅうしょう》などの病気が蔓延している。子どもは特にこの病気にかかりやすい。

二〇一〇年初頭現在、アディダスのエンジニアはプロジェクトに懸命に取り組んでいる。ハードルは思いのほか高いことがわかったが、彼らはあきらめていない。アディダスは、非常に低価格なだけでなく、リサイクル可能で、消費者にとって魅力的な靴を作るべく努力を続けている。「魅力的な靴」という最後の条件は、ソーシャル・ビジネスで靴会社を設立する際に切り捨てられがちな条件だろう。「善意」のプロジェクトなのだから、外見など気にする必要はないのでは？　多少不格好でも、靴があるだけで貧しい人々は感謝してくれるのではないか？

これは間違った考え方だ。ソーシャル・ビジネスには喜びが不可欠だ。環境のせいで人々が次善策に甘んじることがあってはならない。靴を履く人に誇りを持ってもらわなければならない。病気を予防するだけでなく、自尊心や尊厳まで与えなければならないのだ。アディダスは、低価格なのはもちろんのこと、アフリカ、南アジア、ラテン・アメリカの農村部の貧しい人々に愛着や誇りを持ってもらえるような、クールな靴を作りたいと考えている。

そして、クールな靴には、単なる満足だけではなく重要な実利的メリットもある。靴の需要が高まれば、生産量が増え、価格をさらに抑えられるのだ。したがって、アディダスはワン・ユーロ・シューズ・プロジェクトに最良のデザイン、流行、マーケティングの成果を取り入れ、クールな靴の価格の壁を乗り越えようとしている。

現在の計画では、二〇一〇年六月にはアディダスの製造する一万足の靴がバングラデシュに届けられ、試験販売される予定だ。消費者の反応、好み、性別や年齢による需要の違いなどが調査されたあと、アディダスのエンジニアやデザイナーが製品や価格の改良策を一から練り直す見込みだ。同時に、バングラデシュに生産施設を建設する準備も行なわれている。

雇用の創出――グラミン・エンプロイメント・サービス

バングラデシュなど、南アジアからの出稼ぎ労働者は、厳しい搾取を受ける場合が多い。仕事を追い求める労働者たちは、故郷を遠く離れ、もっとも需要の多い場所で働き、粗末な家に仮住まいをしながら、お腹を空かせた故郷の家族のために仕送りをする。このような状況では、深刻な搾取に遭いやすい。正当な報酬や労働条件、住みよい住居、医療の基準は存在しないか、存在したとしてもなかなか守られない。企業が資金難や倒産に陥ると、出稼ぎ労働者の給与が未払いになったり、仕事がぷっつりと途切れたりする。すると、本国に帰る航空券さえ買えなくなる場合もあるのだ（実際に、二〇〇八〜二〇〇九年の経済危機で中東の建築バブルがはじけると、数千人ものバングラデシュ人建設作業員がそうなった）。

このような労働者の苦悩を和らげるため、私たちは「グラミン・エンプロイメント・サービス（GES）」というソーシャル・ビジネスを計画している。一般的な職業斡旋所と同じように、GESは優秀な労働者を安定して手に入れたいと考える大手企業の下請業者の役割を果たす。しかし、GESはソーシャル・ビジネスであるため、従業員を守り、労働市場における従業員の価値を高める対策も講じるつもりだ。そのために、語学研修（出稼ぎ労働者の仕事の効率を上げるだけでなく、労働者自身が声を上げて自らの立場を守れるようにするため）、基本的な技術研修、さらにはパスポート、ビザ、健康診断の手配の支援などを行なう予定だ。また、労働者を代表して雇用主との折衝も行なう。たとえば、住宅環境や安全条件が適切かどうかを監視したり、支払われるべき報酬を労働者が全額受け取るよう保証したりする計画だ。

多くの発展途上国と同じように、国外で働くバングラデシュ人からの送金は、バングラデシュ経済に多大な貢献をしている。GESは、仕送りに頼る家族や村への貴重な資金源を維持するだけでなく、労働者自身の尊厳も守っていきたいと考えている。

ソーシャル・ビジネスによる地域経済の復興——コロンビア、アルバニア、ハイチの例

ソーシャル・ビジネスのもっとも難しい（そして興味深い）分野といえば、貧困に苦しむ経済全体を復興させる取り組みだろう。政府機関、NGO、民間企業、市民などが持つ資源をひとつにし、ソーシャル・ビジネスの推進力を利用して強力な貧困緩和プログラムを築き上げるチャンスが転がっている。その最初の野心的なプロジェクトが、二〇一〇年六月にコロンビアのカルダスで開始される予定だ。本書が刊行されるころには、ほかにもさまざまなプロジェクトが進行しているだろう。

カルダスは、コロンビアのパイサ地方にある経済発展の遅れた県だ。カルダスは、かつて国内有数のコーヒーの産地だったが、地域のコーヒー市場の暴落で不況に見舞われ、失業率が急増した。現在、カルダスでは人口の六二パーセントが一日二ドル未満で生活しており、四人にひとりが一日一ドル未満で生活している（それぞれ「貧困」と「極度の貧困」を示す一般的な指標だ）。コロンビア自体も経済的な問題を抱えており、人間開発指数では世界七七位、所得格差では世界ワースト六位、難民数で世界ワースト二位（コカイン・カルテル同士の継続的な戦争や地元の民兵組織の圧政が原因）となっている。

二〇〇九年半ば、コロンビアのカルタヘナで開催された「ラテン・アメリカ／カリブ地域マイクロクレジット・サミット」に出席中、私はカルダス県知事のアリスティサバル・ムニョスから、カルダスの経済再生に力を貸してもらえないかと頼まれた。地域の問題について聞くうち、アイデアがひらめいた。ソーシャル・ビジネスで問題に対処したらどうか？

私は、ムニョス知事の賛同と資金援助があれば何ができるかを簡単に説明した。「カルダス・ソーシャル・ビジネス・ファンドという基金と、県内のソーシャル・ビジネスを設立し、所有するソーシャル・ビジネス・トラストを設けます。設立したソーシャル・ビジネスは、雇用を創出し、マイクロクレジット、医療、保険、農作物の販売といったサービスを提供します。一六〇〇万米ドルほどの資金をご用意いただけるなら、ソーシャル・ビジネスを開始できると思うのですが」と私は伝えた。ムニョス氏はじっくりと聞き、おおむね同意した。

その後、私はこの提案を実行に移した。ヴィースバーデンのグラミン・クリエイティブ・ラボのハンス・ライツ率いるプロジェクト準備チームが、ムニョス知事に招かれてカルダスを訪れた。私たちはプロジェクトのアイデアに改良を重ねていった。そして、二〇〇九年一一月七日、ドイツのヴォルフスブルクで開催されたグラミン・ソーシャル・ビジネス・ミーティングの席上で、私とムニョス知事はカルダスでマイクロファイナンスとソーシャル・ビジネスのプロジェクトを実施する覚書に署名した。カルダスは、マイクロクレジットとソーシャル・ビジネスのプログラムの初期資金として、一六〇〇万ドルを出資する予定だ。

カルダスのソーシャル・ビジネス・プログラムには、タイプⅠのソーシャル・ビジネスだけでなく、タイプⅡのソーシャル・ビジネスも含まれる。タイプⅡのソーシャル・ビジネスは、トラストが所有し、地元の人々のために利益を管理することになるだろう。

プログラムの一環として、現在ヨーロッパや北米で働いている若いコロンビア人を雇おうと考えている。本国に戻ってもらい、カルダスに設立予定のソーシャル・ビジネスで働いてもらうのだ。これはきっと引き受けがいのある仕事となるだろう。若者が戻ってくれれば、コロンビアにとってはさらなる利益となる。なぜなら、優秀なコロンビア人の若者を国内に引き留め、国の未来作りに励んでもらえるからだ。

アルバニア政府も同様のプログラムを計画している。アルバニアは、ヨーロッパでもっとも大きな経済問題を抱えた国のひとつだ。私は、二〇〇九年一〇月にアルバニアのサリ・ベリシャ首相とニューヨークで会い、国内の貧困者の窮状について聞かされた。彼は、私がアルバニアで貧困緩和プログラムを開始するなら支援すると約束した。私は、カルダスのムニョス知事との会話をとっさに思い出し、同じようなプログラムをベリシャ首相に提案した。すると、彼はふたつ返事で同意した。

私はカルダスのときと同じく、ライツのチームを派遣し、アルバニアの政府高官やビジネス・リーダーにソーシャル・ビジネスの考え方を説明させた。ただちにグラミン・クリエイティブ・ラボは、アルバニアの経済を活性化させるソーシャル・ビジネスの包括的取り組みの詳細な提案をまとめた。この提案は、二〇一〇年一月二二日、ビジネス界、学会、市民団体、NGO、マイクロファイナンス業界、政府のリーダーやベリシャ首相が参加した首都ティラナの会議の席上で発表された。プログラムの正式な開始は、二〇一〇年後半になる予定だ。

さらに、ハイチでは三つ目のプロジェクトも計画されている。これは、二〇一〇年一月にハイチを襲った大地震後に始まった復興活動の一環として計画されたものだ。

当然のことながら、地震の被害者のもとには、世界中の政府、企業、財団、個人から多くの同情や支援が寄せられている。二〇一〇年一月の世界経済フォーラム年次総会で、私はソフトウェア会社「SAP」の共同CEOであるレオ・アポテカーに一抹《いちまつ》の不安を打ち明けた。私は、ハイチに寄せられた莫大な額の金銭的支援が、中長期的な復興ではなく一時的な救済にばかり当てられ、効果的に活かされていないのではないかと心配していた。「たとえば、ハイチにソーシャル・ビジネス・ファンドを設立し、救援金の一〇パーセント以上をそちらに当てられればいいのですが」と私は言った。

すると、アポテカーはこう即答した。「わが社も大量の救援金を送っています。その資金をソーシャル・ビジネス・ファンドに当てるというのはどうでしょう」

「それはすばらしい。ぜひやりましょう」

同じ週、私が基金の設立を宣言すると、数多くの人々や企業から好意的な反響があった。そこで私たちは、住宅、医療、農業、林業、雇用創出、マイクロファイナンス、マーケティング、教育、雇用などの分野で、ハイチに一連のソーシャル・ビジネスを設立することを計画している。さらに、ハイチ・ソーシャル・ビジネス・ファンドを設立し、ハイチで独自のソーシャル・ビジネスを始める世界中の企業を支援する予定だ。ハイチでの活動を取りまとめる現地オフィスも開設の予定であり、ハンス・ライツ率いるチームが詳しい行動計画を練っている。

この三つの国々での取り組みは、ソーシャル・ビジネスに新たな課題を投げかけている。ソーシャル・ビジネスに、国家レベルや自治体レベルで貧しい人々の経済発展を促すパワーがあるかどうかを試す重要な機会になるはずだ。その結果を見るのは非常に楽しみだ。そして、世界各国の経済に大きな影響を与える可能性も秘めている。このプロジェクトで期待どおりの成果を上げることができれば、経済発展を促進したいと考えている世界各国の政策立案者などにとって、ソーシャル・ビジネスは貴重なツールとなるだろう。

第九章　貧困の終焉——その時は今

第二次世界大戦以降、私たちは資本主義制度の大躍進を目の当たりにしてきた。北米、ヨーロッパ、日本の経済は空前の規模にまで繁栄し、無数の富豪たちを生み出した。しかし、その一方で世界の数十億人が置き去りにされた。

先進国と発展途上国の悲劇的なギャップを埋めようと、二〇〇〇年に世界中の人々がニューヨークの国連本部に集まり、二〇一五年までに実現すべき八つの重要な目標を定めた。いわゆるミレニアム開発目標だ。中でももっとも重要なのが貧困率の半減だ。

バングラデシュは、ミレニアム開発目標の実現に大きく前進した国のひとつだ。貧困率は一九九一年の推定五七パーセントから二〇〇五年の四〇パーセントにまで減少した。まだ高いとはいえ、年間二パーセントずつ下がりつづけている。一パーセント下がるたびに、バングラデシュの数百万人の生活が大きく改善することになる。バングラデシュは、二〇一五年までに貧困を半減させるという目標に向かって突き進んでいる。さらに注目すべきなのは、急激な経済成長にもかかわらず、国内の格差はほとんど増加していないという点だ（ジニ係数などの統計指標がそれを示している。これは、「統計的分散」を測定したもので、特定の母集団における格差の度合いを示すのによく用いられる）。

ここ数年で、アジアの多くの国がバングラデシュのような成功を遂げてきた。全般的に見れば、世界中の多くの国々で状況がゆっくりと改善しはじめていた。一日一・二五ドル未満で暮らす人々の数は、一九九〇年の推定一八億人から二〇〇五年の一四億人にまで減少した。

しかし、ミレニアム宣言が灯した小さな希望の光は、経済、金融、環境、農業、社会の複合的な危機によって消されてしまった。最新の見積もりでは、五五〇〇〜九〇〇〇万人が新たに極度の貧困層に加わったという。それらはすべて、貧しい人々にはなんの責任もない世界的危機のせいなのだ。

最初に世界を襲ったのは、二〇〇八年の食糧危機だった。特に、トウモロコシや米などの穀物の価格が上昇し、世界中の貧しい人々が買えなくなった。小麦だけを取ってみても、二〇〇〇年と比べて二〇〇パーセントも価格が上昇している。そのせいで、新たに数百万もの人々が大きな苦労や、時には飢餓に苦しんでいる。

この悲劇的な状況の原因はいくつかある。まず、世界人口が着実に増加する一方で、耕地の総面積が減っていることが食糧価格の高騰につながった。さらに、貧困から抜け出した数百万の人々や、経済状態が改善したさらに多くの人々が、以前よりも食糧を消費するようになった。同時に、国際市場の歪みによって価格が上昇し、かつて膨大な量の食糧を生産していた国や地方の農業システムが破壊されてしまった。

アメリカなどの国々で導入されているエタノールの補助金は、そうした問題の一例だ。アメリカ政府は、化石燃料の代替エネルギーとしてバイオ燃料を普及させるため、トウモロコシや大豆の栽培を金銭的に支援している。しかし、この種の補助金が、環境、社会、経済に思わぬ影響を及ぼした。たとえば、農地を食糧の生産から燃料の原料作物の生産へと転作する人が増えた結果、基本的な食糧の価格が上昇する傾向にある。世界的な食糧安全保障の観点からすれば、このような補助金はすぐにでも廃止すべきだ。

さらに、投機家たちも原材料の価格を押し上げた。といっても、私が述べているのは、小麦、トウモロコシ、大豆などの先物市場を取引の対象にしている先進国の大規模投資家だ。こういった投機家たちは、取引する原材料にはなんの関心もなく、実際に利用する意図もない。金銭的な利益を上げるためだけに、商品を売り買いしていたのだ。今日の金融市場では、電子取引システムを利用すれば、コンピューターの画面を二～三回クリックするだけで信じられないほど膨大な量の原材料を取引できる。投機家はそれで莫大な利益を得られるかもしれないが、苦しむのはその商品に頼って生活している人々なのだ。

これは、現代の経済システムが「全人類のニーズを満たす」という目的を果たしていない悲劇的で明白な例だ。利益に向かって闇雲に突き進む一部の投機家のせいで、世界中の人々が迷惑をこうむっている。

こういった経済問題は悪化する一方だ。地球環境の変化で世界中の農業の未来が脅かされている。気候変動、旱魃《かんばつ》、森林伐採によって、かつて肥沃だった農地が広大な範囲で砂漠化している。国連の報告によると、気候変動の影響で毎年フランスの国土に相当する面積が農業に適さない土地になっているという。さらに、地球温暖化がこのまま進めば、海面上昇の影響で二二世紀には世界の農地の約三分の一が水に沈んでしまう可能性がある。その影響を真っ先に受けるのは、言うまでもなくバングラデシュだ。国土の二〇パーセントが海抜三フィート（＝約一メートル）以下で、人口密度は世界でもトップクラスだからだ。これは、環境災害が人的被害に直結する新たな例といえるだろう。

しかし、世界の貧しい人々の境遇を悪化させたのは、食糧危機や環境危機だけではない。金融危機も大きな爪痕を残した。金融市場が動きを止め、銀行が貸付を中止し、数千もの企業が倒産し、歳入の減少によって政府の援助プログラムが崩壊したときに、もっともしわ寄せを受けるのは貧しい人々なのだ。

今回の金融危機によって、資本主義の欠点がこれまで以上にはっきりと露呈した。本来、金融市場は人々のニーズに応《こた》えるためのものだ。金融市場のおかげで、事業家は企業の設立資金や拡大資金を調達することができる。住宅ローンのおかげで、人々は長年のローンを組み、家を買うことができる。学生ローンのおかげで、多くの人々が教育を受けられる。そして、資金を融資することで、銀行は適正な利益を得られる。誰もが得をするのだ。

しかし、従来の資本主義では、際限なく利益を上げることが求められる。すると、賢い人々は創造力を振り絞ってなんとしても利益を上げようとする。次第に、競争にさらされた金融機関は、金融工学という巧みな道具を駆使して、金融市場でますます利益を上げようともくろむ。金融機関は、住宅ローンなどをリスク・レベルが不明な（あるいは偽装された）証券に組み込む。次に、それらの証券を次々と転売し、一回の取引でわずかな利益を上げていく。その間、投資家たちはせっせと価格をつり上げ、とうてい持続不能な価格上昇を生み出す。非現実的な高利益率に目を奪われた投資家たちは、金融商品に隠されたリスクに目を向けようともしない。そして、システムに潜む弱点が表面化しないことに賭けるのだ。

しかし、結局は弱点が露呈した。アメリカの住宅市場の崩壊をきっかけに、砂上の楼閣は一気に崩れ去った。そのあまりの勢いに、以前から金融システムに疑いの目を向けていた人々でさえ言葉を失った。そして、なんの罪もない世界中の人々が被害を受けた。もっとも大きな打撃を受けるのは、例外なく貧しい人々だ。特に、それまでぎりぎりの生活を送っていた「底辺の三〇億人」は、食糧危機、環境危機、金融危機の三つのパンチを食らい、大打撃を受けた。不完全な現代資本主義は、社会的な責任をまったく果たすことができなかったのだ。

しかし、歴史に名だたる偉人たちが証明するように、大きな危機は大きなチャンスでもある。残念ながら、世界はチャンスの側面にまだ目を向けていない。

現在のところ、二〇〇八〜二〇一〇年に連続して起こった危機を緩和するべく、各国の政府は金融危機を生み出した張本人である金融機関に、巨額の救済措置を講じようとしている。しかし、残念ながら、危機の犠牲者、つまり底辺の三〇億人と地球そのものに、同じ規模の救済措置を講じようという話はまったく話題にさえ上っていない。

近年の危機は、世界中の人々がつながり合っているという貴重な証拠となった。リーマン・ブラザーズの運命と、バングラデシュの衣料品工場で働く貧しい女性の運命はつながっている。したがって、何度も強調してきたように、この巨大な危機は既存の経済制度や金融制度を再設計するチャンスととらえるべきだ。このような危機が二度と起きないように、今こそ世界が一致団結し、経済システムを変えるべきなのだ。ソーシャル・ビジネスは、その改革の鍵を握る要素になるかもしれない。

私の提案する新しい世界経済システムには、ひとつの大きな特徴がある。世界市場にソーシャル・ビジネスという新たな事業形態を取り入れることで、資本主義の未完成の論理的枠組みを完成させられるということだ。ソーシャル・ビジネスが資本主義の一要素として認知されれば、金融危機、食糧危機、環境危機の解決に大きな弾みをもたらすだろう。さらに、貧困、ホームレス、飢饉、健康問題を解決するもっとも効果的なメカニズムにもなりうるはずだ。ソーシャル・ビジネスなら、営利企業から見放されたあらゆる問題を解決できると同時に、営利企業の暴走を抑えることもできる。

私の提案する新たな経済システムは、グローバル化の時計を逆戻りさせるわけではない。むしろ、ソーシャル・ビジネスを世界の枠組みの中に取り入れれば、貧しい人々や国々にグローバル化をもたらし、グローバル化をいっそう促進・拡大することができる。

グローバル化は、何よりも貧しい人々に利益をもたらす大きな力となる。たとえば、過去一〇年間でグローバルな貿易が普及したおかげで、中国、インド、バングラデシュの経済は大きく成長し、多くの人々が貧困から逃れることができた。

しかし、それは正しいグローバル化の場合だ。「ひとり勝ち」のルールをなくし、どんなに貧しい人でも、金持ちから押しのけられることなく、分け前を得られるルールを作るべきだ。グローバル化が経済的な帝国支配になってはならないのだ。

事業に関する国内規制や国際規制を改善することも必要不可欠だ。しかし、従来の帝国主義的なグローバル化に代わる制度を打ち出すためには、ソーシャル・ビジネスの創造力も活用するべきだ。今後、強力な多国籍ソーシャル・ビジネスが登場すれば、貧しい人々や国々にとってのグローバル化のメリットは増大するだろう。ソーシャル・ビジネスは貧しい人々に所有権を与えるため、利益を貧困国の中で循環させることができる。利益を富裕国に吸い取られ、金持ちがますます金持ちになることはない。貧困国に強力な経済を築き、国益を外国企業の略奪から守ることは、明日のソーシャル・ビジネスの大きなテーマといえるだろう。

私たちには、社会問題の克服に必要な道具がすでに揃っている。私たちは、その事実を認識し、世界経済の新たな構造を築き上げなければならないのだ。

一見すると、世界の切迫した問題はあまりに複雑で、解決不能にさえ見える。しかし、考えてみてほしい。恐ろしい伝染病、蔓延する栄養不足、汚染された飲み水、医療不足や教育不足といった問題は、すべて世界のどこかで解決されてきた。実際、数億人の人々がそういった解決策を今では当たり前のようにとらえている。あなたもそのひとりかもしれない。しかし、多くの人々が比較的恵まれた生活を送っているというのは、私たちが「どうすればよい教育や医療を提供できるのか」、「どうすればきれいな飲み水や健康的な食事を届けられるのか」、「どうすれば世界中の貧しい人々を苦しめている病気を治療・予防できるのか」を知っている大きな証拠といえよう。

　さらに、そういった解決策を地球の隅々にまで行き渡らせる道具はすでに手元にある。製薬会社は多くの人々を救える薬の特許を無数に保有している。テクノロジー企業は世界でもっとも貧しい人々の生活を一変させるＩＴツールや通信ツールを持っている。世界の一流の大学や研究所にいる農業の専門家たちは、農作物を簡単に大量生産できる技術を知っている。さらに、経済的な資産も、賢く利用すれば助けになる。世界の富裕国は、貧困を撲滅するために毎年合計六〇〇億ドル以上の対外援助を行なっている。問題は資金不足ではない。それをもっとも必要としている人々に届けられない経済システムの欠陥だ。ソーシャル・ビジネスなら、貧しい人々にその恩恵を届けられるのだ。

　誰しも、他者を助けたいという強い利他的欲求を持っている。これは、個人的利益に対する欲求と同じくらい強い。しかし、従来の資本主義は、人間の持つこの強い衝動を活かそうとしてこなかった。その結果、世界経済は偏った成長を続け、格差はみるみる広がった。

　その格差が是正された世界、つまり貧困のない世界を想像してほしい。それはかつて貧しかった人々だけでなく、すべての人々にとってはるかに暮らしやすい世界であるはずだ。経済は信じられないほどの高みへと成長し、あらゆる商品の市場規模が二倍・三倍になる。誰もが優れた医療を受けられるようになれば、高度な教育を受けた医師や看護師の需要は急激に高まる。誰もが立派な家に住めるようになると、建設会社、建築家、家具のメーカーにはひっきりなしに仕事が来るようになる。そして、福祉政策に対する財政支出は不要になるだろう。

誰かひとりの命が無駄に失われると、地球上の一人ひとりがその影響を受ける。ひとりの命が失われれば、孫たちの命を救う医者、地球温暖化を食い止める科学者、われわれの老後を豊かにしてくれる優れた芸術作品を生み出すアーティストの卵が、ひとつなくなるのだ。その卵を無駄にしてはならない。

中には、「豊かな人がいれば貧しい人もいるのは当然だ」と考える人もいるだろう。これは時代遅れで間違った考え方だ。金持ちは貧しい人から搾取して金持ちになると思い込んでいる。豊かさのパイは一定だと思い込んでいる。そして、一部の実力者がその大部分を独り占めすれば、大半の人々にはほんの少しの取り分しか残らないと思い込んでいる。

実際には、経済のパイはどんどん膨らんでいる。いや、膨らませるべきだ。そうすれば、金持ちはより金持ちになるが、貧乏な人々も少しずつ金持ちに近づいていく。なんの矛盾もない。これは、私たちが経済をどういう枠組みでとらえるかの問題だ。現在の枠組みでは、一次元的な人間が経済を動かすものと想定している。したがって、裕福な人々はひたすら際限なく富を蓄積しようとする。この枠組みでは、成功の基準はたったひとつしかない。資産の額だ。

しかし、多次元的な人間の住む世界では、何もかもが変わる。この枠組みでは、世界の福祉にどれだけ貢献したかが成功の大きな基準となるだろう。

貧困という不幸を軽減するために、私たちはかねてから富の再分配という手段に頼っている。金持ちに課税し、その税金で貧しい人々を助けるのだ。多次元的な人間が舵《かじ》を取る経済では、裕福な人々が社会問題を根絶するソーシャル・ビジネスを開始することで、自発的な富の再分配が起こる。そうすれば、政府はセーフティ・ネットなどの無駄な公共福祉政策に税金を投じるよりも、ソーシャル・ビジネスを自ら運営して社会問題を解決しようとしている裕福な人々を優遇した方が手っ取り早くて効果的だと考えるようになるだろう。

貧しい人々が経済成長の恩恵を受けられるようにするためには、パイ全体を拡大させるだけでなく、貧しい人々のパイの取り分をより早く成長させる必要がある。営利企業とソーシャル・ビジネスの二種類の事業形態が存在する世界では、ソーシャル・ビジネスが大きな利益を生み出さないため、経済成長が鈍るのではないかと主張する人も多い。私はそれを正しいとは思わない。ソーシャル・ビジネスの運営に成功し、多くの人々が貧困から抜け出せば、消費や貯蓄をする余裕のある人が増え、営利企業の市場や利益は拡大する。その結果、経済全体が押し上げられ、貧しい人々は徐々に中流階級の仲間入りをしはじめるだろう。

一次元的な人間の住む世界では、自由市場の自然な働きだけでは一向に社会問題は解決しない。むしろ、社会問題や環境問題は深刻化する傾向にある。確かに、経済全体の成長が巡り巡って貧しい人々にも還元されるのは事実だ。しかし、従来型の経済が持つ貧困者への〝おこぼれ効果〟は当てにならないし、イライラするほど時間もかかる。今日のように、経済システムが貧しい人々の機会を狭めれば、所得格差は縮まるどころか拡大する。なぜなら、貧しい人々よりも金持ちのパイの取り分の方が早く成長するからだ。

ソーシャル・ビジネスは、貧しい人々に直接働きかけることで、この格差を縮められる可能性を秘めている。貧しい人々を経済システムの主役に据えることで、貧しい人々のパイの取り分が独自に成長していくからだ。

ソーシャル・ビジネスは経済成長に欠かせない一部になるはずだ。なぜなら、本来なら見捨てられがちな多くの人々に利益をもたらすからだ。そして、人々に力がみなぎれば、経済にも活気がみなぎる。金融サービス、高度な医療、栄養、高品質な教育、現代の情報技術が手に入れば、貧しい人々はもっと生産的な生活を送れるようになる。今まで以上に稼ぎ、今まで以上に消費し、今まで以上に貯蓄するようになる。それは、裕福な人々と貧しい人々、どちらにとっても利益になるはずだ。

ソーシャル・ビジネスは、急成長する強力なテクノロジーを利用して貧しい人々の境遇や地球環境を改善し、社会を一変させる力を秘めている。さらに、新世代の若者の創造力、責任感、利他心を解き放ち、活かす方法でもあるのだ。

新世界への入り口

今から二〇年後や五〇年後の世界はどうなっているだろうか？　それを考えるのは確かに面白い。

しかし、私はそれよりも大事な問いがあると思っている。今から二〇年後や五〇年後にどのような世界を実現したいか？

このふたつには大きな違いがある。ひとつ目の問いでは、私たち自身を未来の受動的な傍観者としてしかとらえていない。しかし、ふたつ目の問いでは、私たち自身を世界の積極的な創造者ととらえている。

私は、今こそ未来を受動的に受け入れるのをやめ、積極的に作り出していくべき時だと思っている。私たちは、実現したい未来を思い描くかわりに、未来予想にばかり時間や知恵を費やそうとする。それなのに、私たちは未来の予測にそれほど長《た》けているわけではない。人類の英知、専門知識、経験を総動員しても、私たちの前に立ちはだかる出来事をほとんど予測できないのだ。

一九四〇年代を振り返ってみてほしい。五〇年後にヨーロッパが国境のない単一通貨の政治体になると予測した者はいなかっただろう。ベルリンの壁が崩壊すると予測した者は、当時はおろか崩壊前夜にさえいなかっただろう。ソ連が崩壊し、これほど多くの独立国があっという間に生まれるとは誰も予測しなかったはずだ。

それはテクノロジーの世界でも同じだ。六〇年代、インターネットというコンピューターのグローバル・ネットワークが世界を席巻するとか、数億人がノート・パソコン、パームトップ、ブラックベリー、ｉＰｏｄ、ｉＰｈｏｎｅ、キンドルを利用すると予測した人はいなかっただろう。二〇年前でさえ、携帯電話が世界中の村々で生活必需品になるとは誰も予測しなかったはずだ。

正直に言えば、一九九〇年に、わずか二〇年後の二〇一〇年の世界を予測できた者さえいなかっただろう。世界の変化のスピードは日に日に増しているというのに、果たして今から二〇三〇年の世界を正確に予測できるだろうか？

予測するとしたら、おそらくその方法は二通りだ。ひとつ目は、世界の優秀な科学評論家、技術評論家、経済評論家を集め、二〇年後の世界について最善の予測を立ててもらうという方法。もうひとつは、一流のSF作家に頼んで、二〇三〇年の世界を描いてもらうという方法だ。どちらが二〇三〇年の世界をより正確に予測できるだろうか。私なら一流のアナリストではなくSF作家が勝つと即答するだろう。

その理由は極めて単純だ。専門家は過去と現在に基づいて未来を予測するよう訓練されている。しかし、実世界の出来事は人々の空想によって突き動かされるものなのだ。

したがって、二〇三〇年までに実現したい世界を〝願い事リスト〟に書き出せば、二〇三〇年の世界を描けるだろう。たとえば、次のような世界だ。

- 貧しい人がひとりもいない世界
- 海、湖、河川、大気の汚染がない世界
- お腹を空かせたまま眠りにつく子どもがいない世界
- 予防可能な病気で早く亡くなる人がいない世界

- 戦争が過去の出来事になっている世界
- 誰もが国境を越えて自由に移動できる世界
- 誰もが奇跡の新技術を利用して教育を受けられ、読み書きができる世界
- 世界の文化財を全員で共有できる世界

おそらく、あなたの頭の中にもすばらしい願い事がいくつも思い浮かんでいるに違いない。願い事リストがどうであれ、実現に向かって動き出すことが重要だ。

夢は不可能から成り立っている。分析的な頭脳の持ち主は、身の回りにある確実な情報を扱うよう訓練されている。したがって、これからやってくる障害物について警鐘を鳴らすことはできるだろうが、不可能を可能にすることはできない。未来を思い描くときには、頭脳を別のモードに切り替える必要がある。不可能を可能にするには、大きな飛躍をする勇気がなくてはならない。そして、ひとつでも不可能が可能になれば、構造に揺るぎが生じ、ドミノ現象が起こる。つまり、たくさんの不可能を可能にする火種になるのだ。

思い描いた未来を実現したいと思うなら、願い事リストを心から信じてみよう。目標の実現にふさわしい概念、制度、技術、政策を築き上げよう。その目標が不可能に見えるほど、やりがいが生まれるものなのだ。

幸いにも、今ほど夢が実現しやすい時代はない。私たちに必要なのは、現在に未来の夢への入り口

を作ることだ。その入り口を過去でふさいではいけない。

私たちの夢は実現不可能に聞こえるだろうか？　もしそうだとしたら、私たちが夢を信じ、それに向かって努力すれば、実現できる可能性は高いということだ。この五〇年間がそれを物語っている。

だから、この夢を信じよう。そして、不可能を可能にするために努力しよう。

もし、あなたが私と同じ夢を抱いているなら——そして、ソーシャル・ビジネスを通じて夢を実現しようとしている世界中の人々の輪に加わりたいなら——ぜひ一緒にこの胸躍る旅に出かけませんか。

訳者あとがき

本書の翻訳のお話をいただくまで、私は恥ずかしながら「ソーシャル・ビジネス」という言葉を聞いたことがありませんでした。しかし、本書を通じて初めてソーシャル・ビジネスを知ったとき、どういうわけか私はまったく新しい考え方には感じませんでした。といっても、もちろん古くさい発想だからとか、凡庸な考え方だからとかいうわけではありません。ソーシャル・ビジネスという考え方が、あまりにも私にとってしっくりきたからです。まるでずっと前からあった概念（あってしかるべき概念）のように感じたのです。

近年、社会的な貢献をうたう企業をよく目にするようになりました。大企業ともなれば、環境に優しい商品を開発したり、収益の一部を慈善事業に寄付したりして、なんらかの社会的責任を果たすのが義務のようにさえなっています。営利企業のそういう側面だけを見れば、ソーシャル・ビジネスなどなくても、世の中はうまく回っているように思えます。

しかし、その一方で、長時間のサービス残業をさせられて病気になる人々や、家族どころか自分ひとりも養えないような低賃金で働かされ、不要になればすぐにクビを切られる人々はあとを絶ちません。私の周囲でもそういう話をよく聞きますし、私自身も過労死で幼なじみをひとり失っています。ホームページやコマーシャルで社会貢献をアピールしている会社が、その裏では社員に過酷な労働を課していることも少なくないのです。

そもそも、社会をなすのは人間ではないでしょうか。人間がいなければ社会は存在しえません。人間に優しくできない企業が、社会や環境に優しくできるはずなどないと私は思います。どれだけ環境に優しい商品を作っても、どれだけ経済や医療の発展に貢献しても、どれだけ他国に資金援助をしても、そこで働いている人間がやりがいを見出せず、我慢をしながら、ただ会社の利益のため、生きるためだけに働いているとしたら、それこそ本末転倒といえるでしょう。従業員は自分自身のお金のために働き、会社は会社自身の金儲けのために社員を雇うという悪循環に陥るばかりです。

本来、人間は多かれ少なかれ社会のために働いているはずです。小さなことでいえば、私たちの多くは仕事をして家族を養っています。これは、「家族」という社会のために働いていることにほかなりません。また、私たちはその仕事を必要とする集団のために働いています。そして、もっと大きな視点で見れば、所得税を納めることで国全体に貢献しています。

ですから、ごく原始的な観点からいえば、人間が働くのは、経営者や株主の懐《ふところ》を肥やすためでも、会社を拡大させるためでも、自分ひとりが生きるためでもなく、本当は社会を今よりもほんの少しよい状態にするためだと思うのです。そして、労働そのものが社会にとって少しでもプラスになっているなら、必ずしも経営者や企業が余分な利益を上げる必要はないですし、人々はモノやサービスを買うのに必要以上のコストを支払う必要はないはずなのです。現代の複雑な経済環境の中では、これは単純すぎる物の見方なのかもしれませんが、多くの人が仕事にやる気を失い、多くの人が一部の権力者に富を吸い取られ、多くの人が経済システムの片隅に追いやられているのは事実です。

「ソーシャル・ビジネス」という考え方がしっくりきたのは、こういった私の想いを一寸の狂いもなく、正確無比に表現していたからです。そして、これまでソーシャル・ビジネスという概念がなかったのが不思議なくらいに思えてきたのです。優れた概念というのは、時に人をそういう気分にさせるものだと思います。

ソーシャル・ビジネスは、ひと言でいえば「上がった利益を投資家ではなく社会や次なるソーシャル・ビジネスに還元する配当ゼロのビジネス」ですが、私は「人」を社会の基本と考えるのがソーシャル・ビジネスなのではないかと解釈しています。ソーシャル・ビジネスというエコシステムの中では、人がつねに主役に据えられています。ソーシャル・ビジネスは「配当ゼロ」であるからこそ、純粋な営利企業や〝社会的企業〟とは違って社会的利益を最優先に考えることができ、「ビジネス」であるからこそ、非営利組織とは違って自立的な経営を行ない、従業員に安定した仕事や標準以上の労働条件を与え、人々に継続した価値をもたらすことができるのだと思います。この両方を実現できるのはソーシャル・ビジネスしかありません。もちろん、私はすばらしい営利企業や非営利団体をたくさん知っています。ですから、そういった組織をすべてソーシャル・ビジネスに置き換える必要はないですし、置き換えようとしても不可能でしょう。しかし、選択肢はあった方がいいのではないでしょうか。

ソーシャル・ビジネスの考え方は、特に若い世代に受け入れられていくのではないかと思います。これからの時代、日本はますます人間としての充足感に重きを置くようになっていくはずです。ユヌス氏は本書で、「給与や福利厚生などの条件が同じなら、多くの人々が営利企業ではなくソーシャル・ビジネスを選ぶはずだ」と述べていますが、私もそのとおりだと思います。多くの人は社会に貢献したいという気持ちを胸に秘めていますが、それは必ずしも〝無償の奉仕〟である必要はありません。奉仕を受ける側もまたなんらかの形で社会に貢献しなければならないからです。だからこそ「ソーシャル・ビジネス」はやはり「ビジネス」なのだと思います。ユヌス氏が「現実主義を重視する」と述べる裏側には、そういう意味合いも含まれていると私は感じます。

やりがいを与えてくれるソーシャル・ビジネスは、多くの人々の支持を集めていくでしょう。私が翻訳という仕事を選んだのは、利益追求の世界に生きるのではなく、純粋にひとつの技術を極めたいという想いがあったからなのですが、もし数年前に、ソーシャル・ビジネスという選択肢を知っていれば、その道を選んでいたかもしれません。往々にして人間というものは、十分すぎるほど時間が過ぎてから過去の選択肢に気付くものです。

最後に、本書の翻訳にあたっては、日本でソーシャル・ビジネスの普及に努めておられる九州大学の岡田昌治教授にたいへんお世話になりました。岡田教授はムハマド・ユヌス氏と親交が深く、本書の内容や訳語の選定に関して、貴重な情報やアドバイスをお寄せくださいました。この場を借りて深くお礼申し上げます。

二〇一〇年十一月

解説
ソーシャル・ビジネスの可能性と日本

九州大学知的財産本部特任教授
岡田昌治

今年五月に東京で、グラミン・クリエイティブ・ラボ（ドイツのヴィースバーデンに所在）の共同設立者であるハンス・ライツが興奮して、「マサ、この本を読んでみてくれ。マサの名前も書かれているぞ！　これは、ソーシャル・ビジネスのバイブルだ！」とユヌス先生が新しく出版した*Building Social Business*（本書）を手渡してきた。ハンスの言う通り、ユヌス先生の提唱するソーシャル・ビジネスについて明確に解りやすく、かつ、力強く書かれている。まさに、バイブル。ＮＰＯ／ＮＧＯ、ボランティアやコミュニティ・ビジネスなどを含む「日本型ソーシャル・ビジネス」や、ユヌス先生の嫌う「ＢＯＰビジネス」など、本書が唱えるソーシャル・ビジネスとは異なる概念が存在する日本において、その混同を解き、われわれ日本人に勇気を与えてくれる書物である。

ユヌス先生と初めて会ったのは、二〇〇九年二月、神戸であった。と言うとみなさんから「そんなに最近？」と言われるほどだが、本書で言及されているハンスやサスキアなどのチーム・ユヌスの一員として、この短い期間にすっかり馴染んでしまった。たしかに、昨年の神戸以来、ダッカ、東京、福岡、ヴォルフスブルク（ドイツ）、ロンドン、そして、今年七月の十日間にわたる日本ツアーと、ユヌス先生と過ごした時間がもっとも長い日本人であると自負している。この十日間の日本ツアーの企画・調整という大役も任され、みなさんのご協力で無事に終えることができた。忙しいユヌス先生が、一国に十日間滞在するというのは、記録だそうである。

その企画の一つのパネル・ディスカッションのパネラーに、スペインのサグラダ・ファミリア教会の主任彫刻家の外尾悦郎《そとおえつろう》氏を招聘した。外尾氏は、私と同じ博多の生まれで、同い歳、古くからの友人であり、九州大学の客員教授でもある。しかし、そのような理由よりも、ユヌス先生と外尾氏の二人をステージの上で会わせてみたらどうなるかという、きわめて直感的な興味からパネラーをお願いした。世界遺産とソーシャル・ビジネス、アントニオ・ガウディとムハマド・ユヌス、どう見てもミスマッチ。ところがここに共通項があった。また、そこにユヌス先生のソーシャル・ビジネスを理解する上での大きなヒントが隠されていた。

外尾氏は、よく講演の中でガウディの考え方に触れ、ガウディが見ていたものについて語る時、それは、「人間のオリジンに戻る」ことだと言う。謙虚に自然を見つめ、そこから人間の本来あるべき姿を読み取ることが、ガウディの設計図が残っていないサグラダ・ファミリアの建築を続けていく鍵だと。スペイン内戦の砲撃の中で、病弱なガウディは、人々や自然への愛情を持って、人間のオリジンを見つめながらあの教会の建設に取り組み、それを外尾氏が引き継ぎ、爾来、三十二年間、石を彫り続けている。本書の中でユヌス先生が言っているように、我々の内側には、人間のオリジンとして、「私（selfishness）」の欲求と「無私（selflessness）」の欲求という相矛盾する欲が対極的に存在する。ユヌス先生が提唱するソーシャル・ビジネスとは、この無私の気持ちでビジネスを行なうということである。人類は、特に産業革命以降、前者を満たすことに執着して、その発展を続けてきた。だが、後者を疎かにしてきたツケが、徐々に、回ってきているようである。二〇年前のベルリンの壁の崩壊から始まり、昨今の私利私欲の極致である経済危機、その他、貧困問題、環境問題、食糧問題等々、この地球を覆う様々な閉塞感はまさに危機的状況であると言えよう。そこで、もう一つのオリジンである無私の欲求に素直に応え、すなわち、ソーシャル・ビジネスを展開していくことにより、この危機を脱することができるとユヌス先生は述べている。

そういう意味では、ソーシャル・ビジネスは、シンプルで自然なソリューションであるといえないだろうか。忘れられていた人間本来の欲求を見つめ、解決策を創造していく。まさに、ガウディとの共通点がそこにあるような気がする。

また、「愛情」や「思いやり」をもって仕事を行なっていくというところも両者の共通点であると言える。ガウディは、エメラルドの地中海を見つめながら、東風の声を聞きながら、自然の中に人間性の根源を求め、小さな草花や虫までも愛した。「ハッロー」というユヌス先生独特のいつもの挨拶や、大統領の前でも、皇族の前でも、村人たちの前でも常に変わらない穏やかな態度は、他者への思いやりに満ちている。

ところで、そのユヌス先生が、実は、日本人の「思いやりの心」についての良き理解者であると言ったら驚かれる人も多いであろう。ある時、「いらっしゃいませ」「いくらですか?」とか、「お疲れさまでした」とおどけて日本語を話すのでその理由を尋ねてみると、今から約五〇年前、ユヌス先生が十九歳の頃、ボーイスカウトの世界ジャンボリー大会で日本に二週間ほど滞在していた時に覚えたということであった。また、その時の日本人の親切や思いやりにとても感動したそうだ。ユヌス先生の日本でのソーシャル・ビジネス発展への期待が極めて大きいのも、先生の青年時代の日本文化の観察に由来するものであろう。

その上で、ユヌス先生は、日本人本来の精神的DNAを見抜いているのではないかと思われる。明治維新直後に来日した外国人たちが記しているように、当時の日本は、循環型社会を形成していた江戸の町、「武士は食わねど高楊枝」の身分制度と富の分配の不一致、徹底した論語教育と丁稚《でっち》奉公《ぼうこう》、近江商人にみる「三方《さんぽう》よし」等、鎖国という環境もあり、世界の中でも優れたシステムを持つ珍しい存在であった。昨年十一月、ドイツでのグラミン・ソーシャル・ビジネスのコンベンションで講演した際に、日本において百年以上続く会社の多さや、社長と社員の小さな給与格差などについてふれた時の、ユヌス先生を含む会場のざわめきは今でもはっきりと覚えている。チーム・ユヌスとして、あるいは、九州大学の一員としてソーシャル・ビジネスを国内・国外で展開していく私の目的の一つは、この日本人の精神的DNAを再認識するところにある。いうなれば、「逆明治維新」であり、まさに、「ソーシャル・ビジネス革命」である。その革命の武器は、これもユヌス先生が一目も二目もおく日本の技術力である。このたび設立したグラミン・テクノロジー・ラボ（ユヌス先生が評議委員）は、日本の技術力を世界の様々な社会問題を解決するソーシャル・ビジネスのために活用しようという組織である。同じく、今年、九州大学内に設立したグラミン・クリエイティブ・ラボ@九州大学と連携しながら、グラミン・ファミリーからのニーズや問題についての情報と日本企業／大学の技術情報とをマッチングさせ、様々な分野における技術を利用したソーシャル・ビジネスを育成・サポートしていく予定である。

しっかり現場に足を据えて、その問題の原因や背景についての情報を徹底的に集め、その問題を解決すべく持続可能なビジネスモデルを、既存の枠にとらわれないチャレンジ精神と新しいものを生み出す創造力で構築し、できる範囲から熱いパッションを持って実行していくことが、ソーシャル・ビジネスにとって大切なことである。ソーシャル・ビジネスの世界は、目の前に広がる未開拓の大海原である。私はユヌス先生とともにエキサイティングな航海をはじめたところだ。ソーシャル・ビジネスの七原則にもある通り、「楽しみながら……」。

ユヌス先生は、一九八三年にグラミン銀行を設立して以来、農業、漁業、通信、エネルギー、医療、環境、織物など様々な分野における事業を興してきた。そして、振り返ってみると、それらがある原則に基づいてなされてきたものだということに気づく。有名なマイクロファイナンスも、その一つの例にすぎない。それがソーシャル・ビジネスという概念である。ソーシャル・ビジネスを大局的に、かつ、理論的にまとめたものが本書であり、バイブルたる所以である。

ソーシャル・ビジネス革命《かくめい》
世界の課題を解決する新たな経済システム
2010年12月25日　初版発行
2019年6月15日　3版発行
＊
著　者　ムハマド・ユヌス
監修者　岡《おか》田《だ》昌《まさ》治《はる》
訳　者　千《ち》葉《ば》敏《とし》生《お》
発行者　早川　浩
＊
印刷所　株式会社亨有堂印刷所
製本所　大口製本印刷株式会社
＊
発行所　株式会社　早川書房
東京都千代田区神田多町2－2
電話　03-3252-3111（大代表）
振替　00160-3-47799
http://www.hayakawa-online.co.jp
定価はカバーに表示してあります
ISBN978-4-15-209182-6　C0036
Printed and bound in Japan
乱丁・落丁本は小社制作部宛お送り下さい。
送料小社負担にてお取りかえいたします。

ムハマド・ユヌス自伝（上・下）

Vers un monde sans pauvreté

ムハマド・ユヌス&アラン・ジョリ

猪熊弘子訳

ハヤカワ文庫ＮＦ

二〇〇六年度ノーベル平和賞受賞

わずかな無担保融資により、貧しい人々の経済的自立を助けるマイクロクレジット。グラミン銀行を創設してこの手法を全国に広め、バングラデシュの貧困を劇的に軽減している著者が、自らの半生と信念を語った初の自伝。

解説／税所篤快

ハヤカワ・ノンフィクション

3つのゼロの世界

——貧困0・失業0・CO_2排出0の新たな経済

A World of Three Zeros

ムハマド・ユヌス

山田 文訳

46判上製

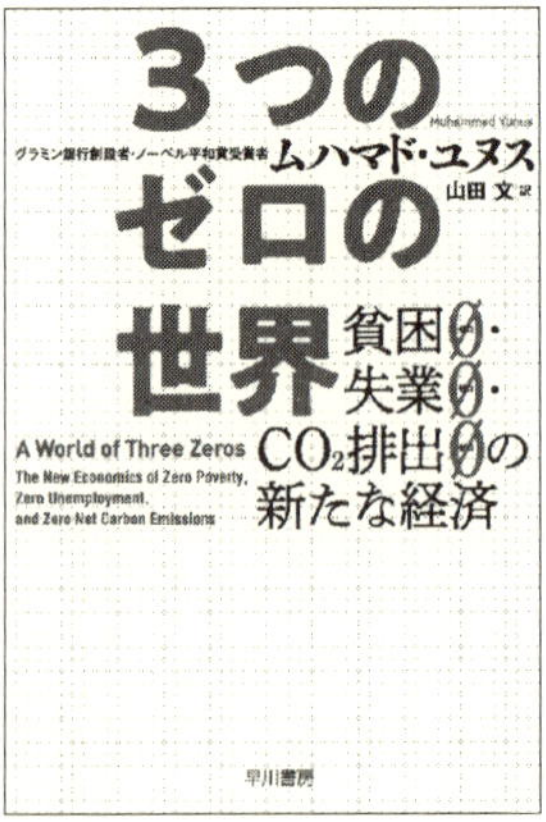

ノーベル平和賞受賞者が語る処方箋とは？

世界はいま、資本主義の機能不全にあえいでいる。母国バングラデシュの貧困軽減に貢献し、ノーベル平和賞に輝いたユヌス博士が、世界に広がるグラミン・グループと関連団体の活動をもとに、人類が直面する課題を解決するための具体策を語る。　解説／安浦寛人